Sub Tuum praesidium Immaculata

PADRE GIACINTO DA BELMONTE

INTRODOTTO E COMMENTATO DA
CARLO DI PIETRO

RACCONTI MIRACOLOSI

CON SAGGIO INTRODUTTIVO
SUI VERI E SUI FALSI MIRACOLI

Prima edizione 2018
Collana *Spiritualità*

revisione di Maria Alfonsina Torre

Padre Giacinto da Belmonte

(Belmonte Calabro, 23 ottobre 1839 - Acri, 23 ottobre 1899)
Cappuccino e Consultore dell'*Indice dei libri proibiti.*

Carlo Di Pietro

(Potenza, 16 maggio 1976)
Giornalista

Racconti Miracolosi

Edizioni consultate:
• Racconti Miracolosi, Volume II, Seconda Edizione rifatta,
Roma, 1887, Coi Tipi di Mario Armanni, *nell'Orfanotrofio Comunale,
Con permesso dei Superiori*

Sursum Corda

C.da Piancardillo, snc - 85010 Pignola (PZ)
Sito: *https://www.sursumcorda.cloud/*
E-mail: *editoria@sursumcorda.cloud*
ISBN: 978-88-900747-1-4

Protesta

onformandomi pienamente ai decreti del Pontefice Urbano VIII del 23 marzo 1625 e del 5 giugno 1631, nonché a quelli della sacra Congregazione dei Riti, dichiaro solennemente che, salvo i dogmi, le dottrine e tutto ciò che la Chiesa Romana ha definito ed approvato, in tutto quello che possa riguardare miracoli, apparizioni e soggetti non ancora canonizzati, non intendo prestare né richiedere altra fede che l'umana.

P. Giacinto da Belmonte Cappuccino
D. G. Cons. dell'Indice

derisco solennemente alla *Protesta* del venerando Padre Giacinto da Belmonte. Altresì mi riprometto di accrescere - con preghiera, prudenza ed ossequio - il lavoro del compianto medesimo Sacerdote. Voglia il Signore apprezzare questo lavoro.

Carlo Di Pietro

Che cos'è il miracolo. Vi furono dei miracoli?

Miracolo vuol dire *opera meravigliosa e straordinaria che non può essere l'effetto di una causa naturale*. Il miracolo è una derogazione alle leggi di natura: esso vince di molto le forze dell'uomo; Dio solo può farlo e gli uomini non possono operarne che per mezzo di Dio. Chi potrà dubitare che Dio possa fare miracoli? Quel Dio che da millenni fa nascere il sole all'oriente, perché non potrebbe, se volesse, farlo nascere all'occidente? E questo sarebbe per certo un vero miracolo. Negare che Dio possa fare dei miracoli, è un negare che Dio sia Dio; è un privarLo di potenza e di libertà, è un annientarLo. Le piaghe dell'Egitto, il passaggio del Mar Rosso, la promulgazione della legge di Dio sul Sinai, la manna, l'acqua zampillata dal masso di Oreb, i prodigi operati mediante l'arca dell'alleanza, la conservazione dei tre fanciulli nella fornace ardente, il castigo di Eliodoro battuto con verghe dagli angeli, la risurrezione di Lazzaro, la risurrezione di Gesù Cristo, la conversione del mondo pagano alla voce di dodici poveri "pescatori", tutti questi ed altri simili avvenimenti straordinari, di cui è piena la sacra Scrittura, sono là per testimoniare che vi furono dei miracoli e dei grandi, strepitosi miracoli. Per ciò che riguarda i miracoli di Gesù Cristo, ne era così fulgido lo splendore, dice San Cirillo, che troncava ogni questione intorno alla Sua divinità, presso coloro

che non fossero affatto pervertiti. È evidente che i miracoli di Gesù Cristo dovevano mostrarlo, così chiaramente, quale il Messia promesso fin dal principio del mondo. Infatti: 1) A questo scopo Gesù diceva di fare i Suoi miracoli; 2) Egli ha fatto tutti i miracoli che i profeti avevano predetto del Messia; 3) Ha operato in proprio nome, per propria virtù, ordinando e disponendo come rivestito di autorità sovrana; 4) Ha fatto miracoli pubblici, visibili, incontestabili, grandissimi; ne ha fatti spessissimo, in grande quantità, di ogni genere e dappertutto, talora con un segno, talora con una parola, eccetera. Tale potenza assoluta, tale virtù straordinaria e continua non potevano appartenere a nessun altro che a Gesù Cristo. Da «*I Tesori di Cornelio Alapide*», commentati dall'Abate Emmanuel Barbier, *imprimatur* 1857, traduzione del Sac. Giulio Albera.

Il miracolo è una prova sicura della verità

Che i veri miracoli siano una prova certa e perentoria di quella verità alla cui conferma essi vengono operati, è cosa che facilmente si comprende, se si considera: 1) Che essi non possono venire che da Dio solo, come unico padrone della natura; 2) Che Dio, essendo verità per essenza, non può mai in nessun caso, senza annientare se medesimo, confermare con un vero miracolo una falsità. Quando, pertanto, intervengono a favore della religione, o rivelazione, miracoli certi e veri, bisogna dire: *è vera*. Così abbiamo provato che la Chiesa cattolica, apostolica, romana è la sola vera Chiesa, perché solo in essa avvennero veri e provati miracoli. Ecco perché Sant'Agostino scriveva che chi lo riteneva nella Chiesa cattolica, romana, era l'autorità dei miracoli; e Riccardo da San Vittore non si peritava di dire a Dio: «O Signore, se è errore quello che noi crediamo, siete Voi che ci avete ingannati; perché la nostra fede ebbe a sua conferma tali miracoli e prodigi, che non possono avere per autore altri che Voi». Dio permette talvolta che anche i cattivi facciano alcuni miracoli minori; ma non in loro nome né per i loro meriti, bensì, in nome di Gesù e ciò avviene per utile del prossimo (in seguito vedremo meglio). Non si trova esempio di vero miracolo operato a sostegno dell'errore. Il miracolo, infatti, è la più autentica ed incontestabile testimonianza che si

possa avere della verità di una dottrina, perché esso è l'opera propria e sopranaturale di Dio il quale se ne serve a confermare quello che dice e che fa. Egli non può, dunque, permettere miracoli in favore dell'errore; altrimenti si burlerebbe degli uomini, e toglierebbe loro ogni mezzo (diciamo particolarmente *sensibile*) per distinguere l'errore dalla verità. Anzi, li confermerebbe - impossibile e assurda cosa! - nelle false dottrine che avessero ricevuto. Pensare questo, sarebbe enorme delitto; dirlo, orribile bestemmia. Da «*I Tesori di Cornelio Alapide*», idem.

Come si distingue il vero dal falso miracolo?

Per indicare in che modo Dio ci fa distinguere i veri miracoli dai falsi, proporremo le tre essenziali differenze che Teodoreto rileva ed indica tra i miracoli di Mosè ed i pretesi miracoli dei maghi di Faraone: 1) I maghi di Faraone cambiarono le loro verghe in serpenti, ma la verga di Aronne, ugualmente cambiata in serpe, divorò le loro; essi cambiarono l'acqua in sangue, ma non poterono farla tornare come prima; fecero comparire delle rane, ma non poterono più, come fece Mosè, liberarne gli Egiziani. Dio, dunque, permise ai maghi di operare simili prodigi, unicamente per castigare gli Egiziani, senza concedere loro la potestà di far scomparire le piaghe che avevano fatto; 2) Quando Dio vide che il re, a motivo dei pretesi prodigi, si ostinava sempre di più, tolse a loro ogni potere ed allora quelli che avevano saputo produrre rane, non seppero più produrre mosche, e finalmente si videro costretti a confessare pubblicamente la propria impotenza, col dire: «Qui vi è il dito di Dio - *Digitus Dei est hic*»; 3) Mosè coprì di ulcere il corpo stesso dei maghi; Mosè, che faceva veri miracoli in favore della verità, fu in qualche maniera impedito nel suo potere? Giammai; ma tutti i giorni, alla corte di Faraone, in presenza di tutto l'Egitto, ne dava sempre più splendide prove e con continui e sempre nuovi miracoli. I suoi ordini e le sue proibizioni ottenevano

immediatamente meravigliosi effetti. Sant'Agostino afferma che un mezzo per discernere i veri dai falsi prodigi è il considerare il potere e l'autorità da cui derivano. «I fattucchieri (e gli astrologi), dice, fanno opere mirabili (o *prodigi*) per il segreto commercio che tengono coi demoni; i Santi, all'opposto, operano miracoli in forza della Provvidenza, e per ordine di Colui al quale ogni creatura è soggetta. I maliardi, pertanto, operano in virtù di privata convenzione; i Santi in forza di un evidente diritto», Inoltre coloro i quali fanno dei veri miracoli, sono uomini probi, pii, obbedienti, ordinariamente santi; mentre coloro i quali ne fanno dei falsi (detti *prodigi*), sono sempre uomini rotti all'empietà o al vizio. Gli stregoni fanno prodigi simulati, immaginari, fantastici e che non durano, scoprendosi ben presto quello che in essi vi è di vero o di falso; fanno prodigi o affatto inutili o anche nocivi (soprattutto per l'anima). Ma i veri miracoli sono fatti certi, veritieri, schietti, i cui effetti durano e non avvengono che o per una grande utilità, oppure per liberare gli uomini in qualche necessità. Ad ottenere le loro pretese meraviglie, i fattucchieri si servono di menzogne, di prestigi, di mezzi studiati a bella posta per ingannare la gente, di certi segni, di certe figure, per esempio lettere o parole, che non significano nulla, se pure non sono assurde; si servono ancora di pratiche superstiziose; mescolano e deturpano il sacro col profano. I Santi, invece, fanno miracoli con le loro preghiere, con le mortificazioni, col Segno della Croce, e con altri oggetti sacri e santi, e sempre col Nome di Gesù Cristo. I maliardi ed i demoni fanno prodigi per fine cattivo, per esempio, per guadagnare qualche scommessa, per vana ostentazione, per cattivarsi gloria ed onori, per salire in fama, per formarsi una clientela di devoti; ovvero per danneggiare la fede ed inoculare i loro errori; ovvero, ancora, per commettere o far commettere delitti, come furti, adulteri, uccisioni, e simili. I Santi, nel fare miracoli, mirano all'onore ed alla gloria di Dio, all'esaltazione ed edificazione della vera Chiesa, all'aiuto dei loro simili. «I maghi - scrive Sant'Agostino - fanno cose che sembrano miracoli, studiando alla gloria propria; i Santi fanno dei veri miracoli mirando alla gloria di Dio». Da «*I Tesori di Cornelio Alapide*», idem.

Dizionario biblico: il miracolo

 al latino *mirari* indica un fatto che *desta meraviglia* o *stupore*, perché è fuori dell'ordinario. Si suole definire: «Un fatto sensibile, operato da Dio, al di fuori di tutte le forze e le leggi della natura». Nella Bibbia, sia nel *Vecchio* che nel *Nuovo Testamento*, si descrivono molti miracoli e non mancano accenni alla causa (= onnipotenza divina) ed al fine del miracolo (= mostrare tale attributo di Dio, confermare la missione di un inviato da Dio ecc.). Nel Vecchio Testamento si parla di solito del miracolo come di un fatto eccezionale, meraviglioso (ebr. *pele'*) oppure di un segno (ebr. *'óth*) della potenza e benevolenza di Dio. Nella storia ebraica alcuni periodi (uscita dall'Egitto, conquista della Palestina, tempi di Elia e di Eliseo) appaiono quanto mai ricchi di tali interventi straordinari di Dio (passaggio del mar Rosso, passaggio del Giordano, la Manna, eccetera), mentre troviamo registrato un solo miracolo nei profeti scrittori: il ritirarsi dell'ombra sull'orologio solare nel palazzo di Ezechia per ordine di Isaia (cf. *II Reg.*, XX, 9 ss.; *Is.*, XXXVIII, 4-8). Spesso l'autore ispirato fa notare la connessione fra i miracoli, chiamati anche «azioni di potenza» (ebr. *ghebhûrôth*; *Deut.*, III, 24; *Ps.*, CVI, 2) e l'onnipotenza divina, a cui nulla è impossibile (cf. *Gen.*, XVIII, 14; *Esth.*, XIII, 9; *Zach.*, VIII, 6). Dio agisce sulla natura e sugli uomini con l'irresistibile «soffio della sua potenza» (*Sap.*, XI,

17-20). È innegabile - e quanto mai naturale, considerato il carattere peculiare della storia ebraica - che spesso si verificarono reali interventi divini, specialmente nei periodi più critici per il popolo depositario delle verità rivelate e delle promesse messianiche. Talvolta l'impressione di essere davanti ad un miracolo è causata dallo stile poetico od enfatico. È un criterio basato sul genere letterario; esso ora viene applicato a taluni fenomeni, come alla strage di Sennacherib (*II Reg.*, XIX, 35 ss.) ed al miracolo del sole attribuito a Giosuè (cf. *Ios.*, X, 12-15). Altre volte il miracolo è apparente, non reale, in quanto il fenomeno, pur non superando le forze ordinarie della natura, è riferito direttamente a Dio invece che alle cause seconde che lo produssero. Tutte le opere della natura (l'aurora, la luce, la pioggia, il moto delle stelle, l'ordine nel cosmo, eccetera) spesso sono descritte come miracoli continui dell'onnipotenza di Dio. Ciò avviene in modo particolare nei libri profetici e poetici, fra i quali si distinguono i *Salmi* e *Giobbe*. Nel *Nuovo Testamento* si hanno molteplici miracoli compiuti sia da Gesù che dagli Apostoli. Gesù stesso si riferisce ad essi come ad un indice sicuro del sopraggiungere dell'epoca messianica (cf. *Mt.*, XI, 5). Sono una testimonianza al Suo carattere di inviato di Dio. È il valore apologetico del miracolo, che condanna quanti non credettero alle «opere» meravigliose (cf. *Io.*, XIV, 11). Per operare miracoli, Gesù richiede la fede; ma d'altra parte si serve di tali prodigi proprio per suscitare la fede (*Io.*, II, 11; IX, 3; XI, 4.15.42) e per attestare la Sua missione (cf. *Mc.*, II, 10; *Mt.*, XII, 28 s.). I medesimi motivi si possono scorgere nei miracoli compiuti dai discepoli. Negli *Atti degli Apostoli* (cf. III, 6.16; IV, 10) si rileva spesso come i miracoli comprovino il carattere divino di Gesù Cristo. San Pietro lo definisce: «Uomo accreditato fra voi da Dio mediante miracoli, prodigi e segni, che Dio compì per mezzo suo» (*Act.*, II, 22). La triplice denominazione dei fenomeni meravigliosi, operati contro le leggi della natura, ne accentua i diversi aspetti. Il miracolo è concepito o come qualche cosa di stupendo, che eccita la meraviglia, oppure come indice dell'onnipotenza divina, oppure come un segno per documentare la genuinità del potere taumaturgico e quindi della dottrina predicata da chi opera un miracolo. È noto come una caratteristica di San Giovanni sia proprio presentare il miracolo come un segno, che suscita la fede dello spettatore in chi compie il prodigio (cf. *Io.*, II, 11). Dal «*Dizionario biblico*» di Mons. Francesco Spadafora, *imprimatur* 1955, voce del Sac. Angelo Penna.

Dizionario di teologia dommatica: il miracolo

n senso largo è *cosa straordinaria*, che perciò richiama l'attenzione e desta molta meraviglia. Sant'Agostino, da un punto di vista soggettivo, chiama miracolo un fatto *difficile* ed *insolito*, superiore alla speranza ed alla capacità di chi l'osserva, fatto di cui Dio ha preparato la possibilità e la realizzazione. San Tommaso aggiunge giustamente la nozione oggettiva di un intervento straordinario di Dio e dà questa definizione (*Summa Theol.*, I, q. 110, a. 4): «Miracolo è ciò ch'è fatto da Dio fuori dell'ordine di tutta la natura creata». I Teologi spiegano e precisano: 1) Fatto da Dio come causa principale, che può servirsi anche di una creatura qualunque come di causa strumentale; 2) Fatto s'intende nel mondo; 3) Fuori dell'ordine naturale, cioè in modo superiore alle forze della natura tutta; 4) Fuori o sopra, non contro l'ordine naturale, perché il miracolo non è una violazione delle leggi della natura, ma un fatto eccezionale determinato da una speciale virtù divina, che interviene nelle cose create producendo un effetto superiore alla loro naturale potenza. La possibilità del miracolo poggia principalmente sul dominio assoluto di Dio come Causa prima e libera del mondo, le cui leggi fisiche sono subordinate a Dio e però non ne limitano né la libertà né la potenza. Solo l'assurdo ed il peccato sono impossibili a Dio. Il miracolo può superare le forze

della natura: 1) Quanto alla sostanza del fatto, per esempio la risurrezione della carne; 2) Quanto al modo, per esempio una guarigione istantanea. Finalmente dei miracoli alcuni sono oggetto di fede e quindi fuori dell'esperienza sensibile; altri sono fatti esterni, di evidenza tangibile, e sono ordinati da Dio a provare una verità di fede. Di questi ultimi parla il Concilio Vaticano (Sess. III, C. 3) come di «segni certissimi della divina Rivelazione adatti all'intelligenza di tutti». Dal «*Dizionario di teologia dommatica*» - Pietro Parente, Antonio Piolanti, Salvatore Garofalo - *imprimatur* 1952, voce di Mons. Parente.

Dizionario di teologia morale: il miracolo

atura del miracolo. Un miracolo è un intervento straordinario di Dio, nel mondo visibile, fuori dell'ordine di tutta la natura creata. Diciamo: *fuori dell'ordine e della legge della natura, non contro* questa legge. Nessuna legge naturale suona: *Dio non può risuscitare un morto, guarire istantaneamente una gravissima tisi.* Il miracolo può superare le forze della natura sia quanto all'effetto (per esempio, restituire la vita ad un morto), sia quanto al modo col quale l'effetto è prodotto (far crescere uva matura alla vite nel mese di gennaio o dentro un'ora). Quando il miracolo è una guarigione, parliamo di *guarigione miracolosa.* Anch'essa può essere miracolosa quanto all'effetto (guarigione da una malattia assolutamente inguaribile); o quanto al modo (guarigione istantanea completa di una tisi gravissima o molto avanzata). Possibilità del miracolo. È provata da ragioni filosofiche e rivelata da Dio. Al cattolico non è lecito negare che Dio può fare miracoli e che Egli ne ha fatti davvero. Dio continua a fare miracoli, anche nei nostri tempi. Dio fa miracoli di ogni genere, come Gesù ne fece nella Sua dimora sulla terra: cambiare acqua in vino, moltiplicare pane o altri cibi, camminare sulle onde, risuscitare i morti, operare guarigioni istantanee, eccetera. Come riguardo ai miracoli di Gesù, così anche riguardo ai miracoli che Dio fa ancora, constatiamo che,

benché non tutti, almeno un grande numero sono guarigioni. Il fatto, dipendente in ultima analisi dalla libera volontà di Dio, appare perfettamente in armonia con la bontà e misericordia del Signore, e con gli attributi che principalmente intende manifestare agli uomini. Prova del miracolo. Che in generale un miracolo possa essere conosciuto come tale, constatato, provato, è fuori di dubbio. Non è ragionevole non ammettere nessun miracolo concreto, sol perché non sarebbe possibile la constatazione; ma d'altra parte non siamo obbligati ad ammettere un miracolo ogni volta che qualcuno lo asserisce. Si può anzi far male parlando troppo facilmente di miracolo; ma è peggio rifiutarsi di ammetterlo, quando le prove sono sufficienti. Un cristiano prudente tiene la via media (prudenza ed obbedienza). Chi crede ed è persuaso che Dio possa fare ed in concreto fa dei miracoli, non chiede prove esagerate per ammettere un fatto miracoloso, ma prove serie, come si fa per altri fatti importanti ed eccezionali. Facendo così, non preclude ogni pericolo di sbagliare una volta tanto, ma questo è semplicemente umano. Anche non ammettere nessun miracolo, mentre Dio ne fa tanti, non è segno d'intelligenza e di rispetto alla verità. Quando l'ammissione di un fatto miracoloso ha gravi conseguenze pratiche, la prudenza permette, anzi chiede che siamo più esigenti riguardo alle prove. Un miscredente, per il quale il miracolo implicherebbe la prova dell'origine divina della religione cattolica e perciò l'obbligo di farsi cattolico, è ovvio che chieda prove più gravi, ma diventerebbe irragionevole ed empio se fosse così esigente da non dichiararsi mai vinto, soltanto perché non vuole essere convinto, per esempio perché teme di sentirsi obbligato a farsi cattolico. La stessa Chiesa cattolica è più severa nelle sue esigenze quando il miracolo serve come prova della santità di una persona per canonizzarla ossia proporla ufficialmente (solennemente) alla venerazione del popolo cristiano. È noto che tra le prove della santità nei processi di beatificazione o canonizzazione la Chiesa chiede come prove dei miracoli, fatti da Dio per intercessione del Suo servo che è morto con fama di santità (*Codex Iuris Canonici* 1917, Can. 2050; 2116-2123; 2088 § 3; 2138; 2020 § 7; 2118, 2119). Quasi sempre si tratta di guarigioni, per la ragione già accennata. La Chiesa tiene conto del fatto che le forze fisiche, le malattie e la loro guarigione sono spesso fenomeni molto complessi, riguardo ai quali ci sono ancora molti elementi sconosciuti e misteriosi. Rigetta però come irragionevole la tesi che non si possa avere mai certezza della miracolosità di una guarigione. Per eliminare il pericolo di errore, la Chiesa ha stabilito che, per ammettere nei processi una guarigione miracolosa come certa, è richiesto: 1) Riguardo *alla malattia*: che sia grave, organica (non psichica o funzionale), inguaribile con le forze della natura o almeno così difficilmente guaribile che la guarigione, visto il modo secondo il quale è prodotta, non possa in nessuna maniera essere attribuita alle forze del corpo o alle medicine adoperate o all'influsso delle forze morali sul corpo; 2) Riguardo *alla guarigione*: che sia subitanea, o, se è evidente che le forze naturali e la terapia adoperate non hanno potuto provocare una guarigione in così breve tempo, basta anche una guarigione che si compie entro un breve spazio di tempo; perfetta, la quale non lasci la minima traccia della malattia (se non una cicatrice innocua, utile alla constatazione), neppure la debolezza consueta di ogni convalescente; permanente: la ricaduta nella stessa malattia, benché non escluda il miracolo ben constatato, esclude la speciale certezza che la Chiesa esige nei suoi processi.

Per esperienza e per conoscenza delle leggi naturali i medici sanno - e per sola esperienza tutti gli uomini sanno - che la guarigione di una malattia grave, organica e difficilmente guaribile (per non parlare delle malattie inguaribili) è sempre un procedimento lento, laborioso, con tendenza alla ricaduta. Perciò non c'è soltanto una fortissima presunzione, ma vera certezza se la guarigione è subitanea, completa, senza ricaduta. Compito del medico. È esagerato dire che non si può mai avere certezza sul carattere miracoloso di una guarigione. Alcune volte la specie di malattia e la guarigione sono tali, da non richiedersi neppure la constatazione di un medico (pensiamo alla guarigione del cieco nato, dell'uomo paralitico da 38 anni). In molti casi, tuttavia, il giudizio dei medici è necessario per avere una vera certezza, o almeno per avere la certezza che la Chiesa chiede nei processi dei Santi. Perciò le leggi processuali prescrivono l'intervento dei medici e, quando si tratta di malattie non comuni, prescrivono che sia chiesto il giudizio dei medici più competenti tra gli specialisti (*Ivi.*, Can. 2020 § 7; 2088 § 3; 2118-2119). È molto consigliabile che, in casi di guarigione ottenuta per intercessione di un Servo di Dio ed avente il carattere di un miracolo, le persone interessate prendano cura di ottenere da uno o più medici certificati scritti, nei quali costoro attestino i fatti constatati. Non è proprio ufficio del medico il pronunciarsi sul carattere miracoloso della guarigione, ma a lui spetta dare il suo giudizio motivato sui fatti: carattere, grado, guaribilità della malattia e ciò che ha constatato poco tempo dopo. Dare un semplice, ma accurato e minuzioso, processo verbale di tutto ciò che egli ha osservato prima e dopo la guarigione, nella luce della sua scienza ed esperienza di medico e, se lo è, di specialista: ecco il compito proprio del medico riguardo alla guarigione miracolosa. All'Autorità ecclesiastica spetta di constatare il carattere miracoloso della guarigione, servendosi, con altri elementi, della relazione dei medici. Dal «*Dizionario di teologia morale*» - Francesco Roberti (Direttore), Pietro Palazzini (Segretario di redazione) - *imprimatur* 1957, voce del Sac. Ludovico Bender (O.P.).

Il vero ed il falso esorcista

a liberazione di un indemoniato è certamente un fatto dalle ripercussioni sensibili molto coinvolgenti: *ha del miracoloso!* I nemici di Cristo di ogni epoca - basti in questa sede ricordare gli esorcisti ambulanti giudei ai quali il demonio risponde: «*Iesum novi et Paulum scio; vos autem qui estis?*» (*Act.*, XIX, 13-15) - hanno usato il simulacro dell'esorcismo per conservare, o per introdurre il popolo all'errore dottrinale, all'immoralità e, finalmente, all'insubordinazione. Intendo, pertanto, dedicare questo corposo capitolo all'esorcismo, affinché il lettore cresca nella formazione e, Dio lo consenta, nella prudenza. Mi è sembrata cosa opportuna sintetizzare ed accrescere la molto adeguata spiegazione estrapolata dal pregevole volume «*Satana*» - Giuseppe De Libero - *imprimatur* 1934. In un senso generale, assoluto, e cioè non in un senso solo cattolico, l'esorcismo è tutto ciò, detto o fatto, ch'è diretto a scacciare il cattivo spirito da un *possesso*, ad annullare le sue nefaste operazioni. Che specie di esorcismi siano quelli di coloro che sono fuori la religione vera e di quale valore, vedremo dopo. Esorcismi, in senso cattolico, ossia vero, sono tutti quelli che valgono ad annullare o indebolire l'azione del demonio, la sua presenza etica o la sua presenza reale: la Confessione, l'uso dei Sacramenti, dei Sacramentali, degli oggetti benedetti, dell'Acqua Santa e delle Reliquie, ogni preghiera,

infine, sono dei mezzi contro il demonio. Nella religione cristiana (ossia nel Cattolicesimo), l'esorcismo (propriamente detto) occupa una parte molto secondaria ed è la difesa contro l'azione (straordinaria) di Satana. Nelle religioni false (per esempio presso i Protestanti, i Giudei, i Maomettani, eccetera), invece, esso occupa una parte più o meno principale: queste, infatti, non intendono la religione sopratutto come amore ed unione con Dio, ma come mezzo di difesa e di salvezza contro i mali della vita e, per conseguenza, si preoccupano più di guardarsi dai nemici, che possono nuocere, che di adorare l'*Essere creatore e benefico* (Dio). Questo carattere è tanto più evidente e profondo quanto più il sentimento religioso è decaduto e basso. È ormai certezza assoluta che l'idea di un *Essere superiore* (buono e divino) sia al fondo anche di ogni religione decaduta, pertanto nella vita pratica questo *Essere buono* è più o meno oscurato e l'ombra sinistra del nemico invisibile si proietta così gigantesca nella concezione di questi popoli, che tutto il loro culto n'è profondamente pervaso. Senza timore di sbagliare, dico che Satana, abilissimo falsario e padre dell'inganno (*Gen.*, III, 4-5), nelle religioni inventate dagli uomini arriva a farsi adorare quale dio - «L'umanità, persino dopo i flagelli, non cessò di prestare culto ai demoni», insegna l'Apostolo -, assumendo al bisogno svariati nomi e cangiando la propria identità di luogo in luogo, di popolo in popolo, di falsità in falsità. La stessa preghiera, nelle false religioni, è, in fondo, una forma di scongiuro. Tra i popoli primitivi la magia è così diffusa e gli esorcismi così vari e complessi, che essi solo richiederebbero un libro a parte, senza aggiungere nulla di nuovo sostanzialmente all'argomento. Piuttosto ci preme di domandare: Poiché sempre ed in tutti i popoli s'è usato l'esorcismo ed, in alcuni casi, con risultato evidente, come appare in un racconto di Giuseppe Flavio (la vicenda dell'esorcismo del giudeo Eleazaro) e dalla vita di Apollonio di Tiana (filosofo che operava prodigi), com'è mai avvenuto ciò? Rispondiamo che il demonio, per ingannare gli uomini ed acquistarsi credito, usa tutte le arti e si mette anche la maschera di benefattore: in realtà egli non vuol fare un bene, ma usare un mezzo per fare, poi, un male maggiore. Niente vieta quindi che, talvolta, nei casi di falsi esorcismi o il demonio stesso volontariamente sia uscito dal posseduto, oppure un altro demone gerarchicamente superiore lo abbia cacciato per ingannare gli astanti. Che questo sia nello stile del diavolo lo vediamo nelle pratiche dello spiritismo, dove il demonio oggi fa il pio, il moralizzatore, l'amico, il benefattore, ma domani si manifesta qual è ed infine arriva sempre allo stesso risultato. Egli simula un potere ed un'arte divina come si vede nel procedimento stesso degli esorcismi. Noi, infatti, troveremo elementi apparentemente comuni negli "esorcismi" dei maghi (o delle false religioni) e nell'esorcismo della Chiesa e ciò potrebbe forse turbare qualche coscienza, se non facessimo notare che la realtà è differente, anzi contraria. L'esorcismo della Chiesa, infatti, non è un'operazione magica e non annette nessun potere a cose o gesti, ma è essenzialmente una preghiera. Questa preghiera, poi, è rivolta a Dio nel nome di Gesù: è Gesù, quindi, che prega nella Sua Chiesa e nel Suo (vero) Ministro. È poi l'esercizio di un potere, ma questo potere non è del Sacerdote o di un uomo qualsiasi, bensì è il potere partecipato di Gesù, assolutamente il potere di Gesù: è Gesù, quindi, che opera; Gesù che prega. Allora è Egli che prosegue nella Sua Chiesa, nel Suo sacerdozio, ciò che tante volte fece visibilmente e personalmente sulla terra. Che se anche la Chiesa usa formule e segni sensibili, quale sarebbe il problema? Gli uomini, composti di anima e di corpo, hanno bisogno di segni sensibili, segni sensibili che il Signore ha disposto nei Sacramenti per il conferimento della grazia. La profonda ed altissima spiritualità, che emana dall'esorcismo cattolico, è già visibile nelle norme che la Chiesa premette al metodo dell'esorcismo. Non uno qualunque, infatti, deve compiere quest'opera, ma un Sacerdote autorizzato dal Vescovo, grave di età, di virtù, fiducioso in Dio. Egli deve essere prudente e non credere facilmente alla possessione, sì bene esserne sicuro. Secondo l'insegnamento del Signore, e personalmente e per mezzo di altri, deve ricorrere alla preghiera ed al digiuno: non deve agire tra folle tumultuose e curiose, in luoghi profani, ma nella Chiesa ed anche quelli che sono ammessi come testimoni debbono essere persone pie e gravi (dalla fede solida - che noi riconosciamo dalla dottrina, dalla morale, dalle opere del soggetto: «*Sicut enim corpus sine spiritu emortuum est, ita et fides sine operibus mortua es*» - *Iac.*, II, 26). Il posseduto stesso è esortato ad accostarsi ai Sacramenti, a rivolgersi a Dio con ferma fede e grande umiltà. Niente domande curiose, vane, ma ogni parola deve convergere al fine soprannaturale. Egli stesso, il Sacerdote, non deve accingersi a questo tremendo Ministero, se non dopo essersi confessato o avere almeno detestato, di tutto cuore, il suo peccato, possibilmente dopo la celebrazione del Santo Sacrifizio, forte di Gesù del quale s'è cibato. Qui tutto è santità, luce, amore. Nei primi tempi l'esorcismo veniva fatto dagli Apostoli, che ne ebbero direttamente il potere da Gesù ed, autorevolmente, dai Vescovi e dai Sacerdoti. Non è raro - all'epoca - il caso di uomini santi ed anche di sante donne che abbiano cacciato il demonio da ossessi pagani: in questo senso, l'esorcismo può considerarsi come uno dei prodigi che il Signore operava per mezzo dei Suoi servi, come sempre ne ha operati e ne opera, per provare la missione della Sua Chiesa. Ma quei tempi straordinari dovevano finire e così la Chiesa istituì uno dei cosiddetti *Ordini minori*, l'*Esorcistato*, ch'è il terzo dei quattro. Essa affidò questo mandato ad un Chierico inferiore per mostrare, verosimilmente, il suo disprezzo verso quell'essere abbietto, ch'è il demonio. Né ciò è in contraddizione con le cautele e le riserve venute dopo: nella Chiesa nascente, anche gli *Ordini minori*, nei quali molti spesso si fermavano, erano conferiti ad uomini già maturi e che avevano quei requisiti naturali di prudenza e di gravità che i giovani non possono avere. La preghiera dell'esorcismo, fatta con tanta intensità e solennità, nell'umiltà più profonda, spira la stessa atmosfera di gravità, di santità nella quale operava il Signore sulla terra: quando Egli, con il Suo divino potere, scacciava i demoni. I sapienti del secolo disprezzarono tutte queste cose e le disprezzano come superstizione. Ma vi sono delle leggi imperiose nel mondo alle quali nessun essere vivente si può sottrarre: leggi di vita al di là delle quali è la zona grigia della morte. Il disgraziato che osa violare queste leggi cade nel campo della morte e non annulla la legge, non la supera: essa resta. E se ciò è vero del mondo fisico, è tanto più vero del mondo spirituale, poiché questa è una realtà maggiore del mondo materiale, e più reale, se così si può dire. L'esperienza dei sensi e la pratica del mondo visibile ci rendono cauti nel trasgredirne le leggi; conosciamo la morte materiale e la paventiamo: la presunzione e l'inesperienza, spesso colpevole, del mondo spirituale ci rendono incauti ed audaci, ma il risultato è lo stesso: la morte di un altro ordine, una morte maggiore. Il mondo spirituale, che vive al di fuori ed al di sopra dei nostri sensi, fa sentire il suo fremito di vita anche a quelli che si ostinano a negarlo; perché essi non lo vedono con gli occhi del loro corpo e perché essi non possono liberarsi da questa sensazione, debbono subirla diversamente: tuttavia la legge inesorabile si impone in una forma contraria. Giustamente, pertanto, il Görres può dire «come quasi tutti quelli che si allontanarono dalla Chiesa, guidati da un impulso istintivo, cercarono la salvezza nella stregoneria, istinto questo che in generale viene sempre più acuto quanto più si scende in basso». Il Görres scriveva queste cose dal 1836 al 1842 (*Christliche Mystik - Misticismo cristiano*), e noi sappiamo quanta competenza egli avesse e quanta cultura della scienza mistica, nonostante qualche sua tesi azzardata. Le cose oggi non sono cambiate: dovremmo, anzi, dire che sono peggiorate. Mentre così, da un lato, aumentano la miscredenza nell'esistenza del demonio e lo scherno dell'esorcismo, dall'altro lato, cresce la superstizione di ogni specie. Non ho timore di affermare, interrompendo ancora la lucida analisi di De Libero, che oggigiorno anche il mondo dei cosiddetti "carismatici" ci restituisce questo paradosso: essi condannano la superstizione ma, in fin dei conti, la praticano essendo prossimi, se non del tutto identici almeno nella prassi più sensibile, ai movimenti Pentecostali di falsa fede e di falsa dottrina. Andiamo oltre! Non parliamo delle forme di scongiuro e di "esorcismo" di fattucchieri e di ciarlatani, che sono cose da fiera, ma delle pratiche di quella gente di professione accreditata e consultata a suon di quattrini anche dagli atei, dai liberi pensatori (verosimilmente *né liberi e né pensatori*), dai nemici della Chiesa di ogni genere. Vediamo quanta gente corre dagli "esorcisti", dai "profeti", dai santoni delle nuove e delle false chiese, ma v'è di peggio: chiunque sia pratico dei tempi moderni, del mondo nel quale viviamo, basta che si guardi intorno per vedere, negli angoli morti delle società ed al riparo dell'ombra discreta, una moltitudine di persone che si spacciano per esorcisti, liberatori da occulti influssi, da filtri, da malie, da fascini, da fatture, da malocchi, da iettature. Tra gli "esorcismi" della gente che si definisce *progredita* vanno enumerate anche quelle forme particolarmente spicce, alla mano di tutti, come il toccar ferro, il grattarsi, eccetera. Contro di chi? Dunque contro il nulla? No, perché altrimenti non lo farebbero! Contro cose inanimate e materiali? No, perché sarebbero inutili! Contro un «*quid*» che vive ed opera maleficamente, ma la cui esistenza non si vuol confessare. Mi avvio alla conclusione di questo capitolo che mi sembra davvero essenziale per un approccio cristiano al prodigioso, al miracoloso. Quale fine ha il demonio? Il demonio ci vuole tutti dannati. Come agisce il demonio? Ecco il demonio: «*Ille homicida erat ab initio et in veritate non stabat, quia non est veritas in eo. Cum loquitur mendacium, ex propriis loquitur, quia mendax est et pater eius*» - «Egli era omicida fin da principio e non perseverò nella verità, perché non c'è verità in lui. Quando egli proferisce menzogna, parla del suo, perché è bugiardo e padre della menzogna» (*Io.*, VIII, 44). Dunque il demonio vuole che l'uomo si danni perseverando nell'errore e, così, nell'immoralità. Ecco perché può succedere e succede che, per permissione di Dio, nelle false religioni, nelle false filosofie, nelle false chiese, addirittura presso gli atei e gli spiritisti, talvolta accada qualcosa *di prodigioso* o che *ha del prodigioso*. È il demonio medesimo - o sono i suoi servitori più o meno consapevoli - che agisce per confermare il maggior numero di spettatori e di adepti nell'errore, nell'eresia, nell'immoralità, nel male. Preghiamo sempre Iddio affinché siamo meritevoli degli aiuti necessari per resistere agli inganni diabolici: chiediamo subito umiltà e temperanza.

Fine e significato del miracolo

Fine principale del miracolo. Come un effetto che necessariamente dobbiamo riferire all'onnipotenza del Creatore, il miracolo non può mancare di un fine, il quale sia proporzionato alla sapienza ed alla bontà dell'Altissimo. Ma questo fine non sarà da ricercarsi dentro i limiti dell'ordine naturale del mondo. Giacché per tutto ciò che corrisponde all'ordine della natura, è stato provveduto già tutto il necessario dal sapientissimo Autore del medesimo per mezzo di leggi e di norme stabili. Dovremmo quindi ravvisare un'imperfezione ed una mancanza di sapienza, se il Creatore di simile ordine, per raggiungere i fini stessi della natura, dovesse sempre di nuovo mutare e portare la Sua assistenza, intromettendosi direttamente nelle leggi di essa. In un tale supposto si verificherebbe il paragone, usato sovente, che Dio sarebbe simile ad un artista, il quale *avesse compito* una macchina grande e piena di arte; e il quale, per mantenerla in buono stato, dovesse sempre da capo mettere mano nel suo rodaggio e nel suo congegno, porgendo la sua assistenza, aggiustando, migliorando. Ora, se noi dal creato visibile innalziamo il nostro sguardo sino al Creatore e consideriamo i disegni della Sua sapienza e del Suo amore verso la specie umana, ci si palesa anche il fine del miracolo in una maniera degna di Dio eterno ed infinito. Il miracolo ha per scopo primo e principale di fare sì, che in esso

venga data all'uomo, da parte di Dio, una testimonianza infallibile della rivelazione. Infatti il Signore Iddio voleva comunicare agli uomini qualche parte dei tesori delle Sue verità misteriose; inoltre voleva in una maniera più sublime far conoscere loro le norme della Sua volontà, secondo quanto possibile per le creature visibili: così nel miracolo gli si offrì il mezzo migliore e più sicuro per imprimere tanto in questa nuova rivelazione, come nello strumento di essa, il sigillo della divinità. La vera religione ha i miracoli, le false religioni non hanno i miracoli. Un'opera, la quale fa risalire necessariamente la sua origine fino a Dio, deve secondo verità essere considerata come una testimonianza di Dio stesso: d'altra parte, ciò è del tutto conforme alla natura dell'intelletto umano, il quale per mezzo degli effetti sensibili esterni è condotto alla conoscenza delle cause nascoste e della rivelazione divina (San Tommaso, *Summa Theol.*, II, II q. 178, a. 1; III, q. 43, a. 1). Per cui ,a ragione, possiamo ritenere che il miracolo è indirizzato, come a suo fine primo e capitale, ad essere un sigillo ed una testimonianza divina della rivelazione e dei suoi mediatori. Senonché, quando si consideri la cosa in se stessa, non è già necessario pensare che questa rivelazione sia soltanto, nel senso stretto della parola, una manifestazione soprannaturale da parte di Dio, come noi la possediamo nell'ordine presente di grazia. Perché, ove si riguardi la cosa in generale, il Signore Iddio avrebbe potuto dare all'uomo una rivelazione positiva e convalidarla per mezzo del miracolo, senza destinare l'uomo stesso ad un fine soprannaturale. Però, rispetto all'ordine soprannaturale di grazia in cui siamo stati posti dalla bontà di Dio, dobbiamo riconoscere che quel fine del miracolo è, in modo molto più sublime, legittimo e conforme al suo più profondo significato. Fine secondario del miracolo. Oltre che per questo fine primo e principale, i miracoli servono altresì perché nasca e si fortifichi la fede nella rivelazione e nei comandamenti del Signore. Ma essi guidano gli uomini ad un tal fine pure sotto un altro duplice aspetto, nel quale possiamo riconoscere uno scopo ulteriore e secondario dell'intromettersi miracolosamente Iddio nelle leggi della natura. Quando cioè il Signore Iddio somministra ai Suoi servi in una certa misura il Suo potere prodigioso e, per mezzo loro, compie i Suoi miracoli: imprime con questo il sigillo della santità nella loro vita, dando così testimonianza della Sua presenza in essi (San Tommaso, *Summa Theol.*, III, q. 43, a. 1). Ora per mezzo di tale testimonianza resa alla virtù dei Santi, la fede viene di nuovo a fortificarsi e a confermarsi, perché sul terreno di essa tale santità ha messo le sue radici ed è arrivata alla fioritura. I miracoli attribuiti a chi non può essere oggettivamente ritenuto *un santo* (per esempio un eretico, un apostata, uno scismatico, un infedele, un pervertito, eccetera), difatti, certamente non sono veri miracoli, ma appresso meglio vedremo di cosa si tratta. Senza dubbio parecchi miracoli avvengono principalmente per il bene spirituale e temporale dei buoni e per castigo dei cattivi. I miracoli servono anche, lo abbiamo capito, per confermare la fede; giacché in essi si dà a conoscere la bontà e l'amore di Dio verso i pii e la Sua giustizia rispetto agli empi. Significato del miracolo in ordine a Dio. L'aspra lotta contro la possibilità e la riconoscibilità del miracolo ha la sua radice più profonda nel grande significato che compete al miracolo, quando esso sia riconosciuto come un fatto reale che può venire dimostrato e che è stato dimostrato con certezza. Si tratta, infatti, della lotta che la dottrina incredula e monistica sull'universo oppone contro la rivelazione e contro la fedele sottomissione della creatura al suo Autore. Anche se un miracolo solo è vero, in guisa che la sua realtà non si possa affatto negare, tutta quanta quella dottrina fantasiosa sull'universo riceve una ferita insanabile, ed i suoi seguaci devono confessare col Renan che, dunque, la loro scuola non è altro che un tessuto di errori. Perché ogni vero miracolo è una testimonianza infallibile a favore dell'esistenza e della verità dell'ordine soprannaturale. Questo significato del miracolo emerge evidentemente dal suo concetto e dal suo fine: come un'opera dell'Onnipotente fa volgere agli uomini il pensiero sopra il regno intero delle cause e delle forze naturali e fa loro pensare a Colui che è l'Autore e l'unico Signore di quest'intero ordine. Ma il fine della manifestazione di tanto potere, fine adeguato alla sapienza dell'Eterno, non lo troviamo dentro i confini di questo creato visibile. Al di sopra e al di fuori della natura esterna e della conoscenza che essa dà del Creatore, il Signore Iddio volle concedere all'uomo una certa parte nei tesori della Sua verità e della Sua grazia, e volle fare ciò secondo un ordine da Lui scelto, in maniera che ogni fedele pellegrino, per mezzo dell'uso fedele della parte a lui concessa, dovesse pervenire al fine ultimo, perfettissimo e gloriosissimo, nella visione soprannaturale e nell'amore della Bontà suprema. Ora i miracoli servono appunto per questa rivelazione soprannaturale e per questa tendenza al fine eterno. Qui abbiamo la loro piena giustificazione: qui splende nella sua luce più chiara il loro sublime significato. Corrisponde alla potenza, alla sapienza, alla bontà di Dio infinito il palesare i Suoi disegni salutari, pieni di misericordia e di amore, al figlio dell'uomo, incatenato come in un carcere nel mondo materiale, e il palesarli per mezzo di prove - non ordinarie - della Sua potenza nella natura visibile. Se Egli volesse limitare la Sua attività ai soli lumi e ai soli impulsi interni per ciascun uomo in particolare, questo modo di operare non sarebbe adeguato né alla natura di un essere insieme sensibile e spirituale, né all'ordine soprannaturale di grazia per il quale possiamo conseguire la salute eterna. Egli scelse, quindi, nei disegni eterni della Sua sapienza la via del miracolo, mentre come il primo e il più grande di tutti i miracoli donò alla specie umana la rivelazione del Suo ordine soprannaturale di grazia, e dotò e accompagnò i messi e i mediatori di questa rivelazione con le Sue opere miracolose. Significato del miracolo in ordine all'uomo. In ordine a Dio, Signore del creato, il significato del miracolo consiste dunque nell'essere, considerato in sé e oggettivamente, un nuovo modo corrispondente all'eterna sapienza, onnipotenza e carità, con cui l'Altissimo rivela sé stesso. Riguardo poi all'uomo, e considerato psicologicamente o nei suoi effetti, il miracolo ha il suo grande e sublime significato, in quanto è la prova più chiara, la conferma più sicura, il sigillo divino infallibile di questa rivelazione soprannaturale. All'uomo, che per mezzo delle facoltà sensitive è stretto al mondo esterno e dipende da esso nel suo modo di conoscere, ogni intervento miracoloso dell'onnipotenza divina porge la prova più palpabile che al di sopra di questo mondo sensibile c'è un ordine più alto, il quale è diretto da un potere Personale e spirituale. E quando pure con tutti i suoi sforzi egli riuscisse ad affondare ed a nascondersi interamente sotto le cose terrestri e materiali, questo potere spirituale lo rapisce in alto con forza più gagliarda, e posto che non volesse liberamente chiudere gli occhi davanti ai miracoli veri ed effettivi, una tale conferma non può ingannarlo. Altrimenti dovremmo necessariamente dire che Dio, per mezzo della Sua stessa testimonianza, conduce gli uomini in errore. Parimenti dovremmo dire della Chiesa: «Se in te c'è errore, Dio stesso è autore dell'errore» (*Satis*

Cognitum, Leone XIII). Può, è vero, darsi il caso che compaiano dei falsi profeti, i quali, abusando del nome di Dio, annunzino una falsa dottrina ed operino grandi segni per confermare le loro parole. Però Dio non può conferire loro il potere di produrre miracoli veri e propri. Né può privare gli uomini della possibilità di distinguere i segni falsi dai veri miracoli, purché da loro vengano considerate tutte le circostanze che li accompagnano (*in primis* è necessaria una particolare attenzione alla dottrina proclamata da chi opera questi segni). I miracoli rimangono in ogni caso l'autografo che non può falsificarsi, il sigillo, che non inganna, di Dio onnipotente. Questa verità corrisponde tanto alla persuasione di tutto il genere umano, che dovunque si ripete la domanda rivolta dai Giudei a Gesù: «Quali segni mostri tu a noi?». Da chiunque si presenti ad un popolo come messaggero di Dio, come fondatore di una nuova religione o come riformatore di un'antica, gli uomini aspettano una conferma simile per mezzo di segni miracolosi: e quando la storia non può registrarne, vengono fuori le leggende poetiche, per ornare la vita del "messaggero celeste" con la finta aureola di opere divine. Da «*I miracoli del Signore*» - Leopoldo Fonck - *imprimatur* 1913, traduzione di Luigi Rossi Di Lucca.

Approfondimento sul vero e sul falso miracolo

bbiamo imparato che il miracolo è il sigillo infallibile di Dio che autentica la veridicità della dottrina proclamata dal Suo messo, la sua origine, il suo fine. Concludiamo, pertanto, che, laddove la dottrina non è autentica, non può esserci il vero miracolo. Ecco perché, come vuole il Fonck, è necessario analizzare attentamente tutte le circostanze che accompagnano il miracolo. Sta scritto in *San Marco*, XIII, 22: «*Exsurgent enim pseudochristi et pseudoprophetae et dabunt signa et portenta ad seducendos, si potest fieri, electos*» - «Si leveranno falsi messia e falsi profeti e faranno prodigi e portenti al fine di ingannare, se fosse possibile, anche gli eletti». Gesù aggiunge: «*Vos autem videte; praedixi vobis omnia*» - «Voi, però, state attenti: ecco, io vi ho predetto tutto». Dunque stiamo attenti, dato che è possibile ingannarsi, ma è possibile anche non ingannarsi. Facciamoci trovare dalla parte giusta e vediamo di approfondire ancora meglio la questione, che già in parte ho voluto trattare in questi capitoli introduttivi ai *Racconti* del Padre Belmonte. Non è necessario possedere una facoltà meravigliosa delle combinazioni per ardire di tentare la prova di screditare, a causa di queste saghe e di queste leggende popolari, le narrazioni autentiche dei miracoli. Questo tentativo è già stato fatto parecchie volte, e viene ripetuto con preferenza dai moderni avversari della rivelazione. Adolf Harnack nelle

sue indagini sopra la natura del cristianesimo (*Das Wesen des Christentums*), quando passa a discutere la questione dei miracoli, propone queste due osservazioni: «Prima di tutto sappiamo che i Vangeli ebbero origine in un'età in cui i miracoli, si può dire, erano cosa quasi di ogni giorno (...). In secondo luogo sappiamo pure che di persone eminenti sono stati narrati miracoli non già molto tempo dopo la loro morte, né meno dopo qualche anno, ma subito, spesso il giorno dopo. (Dopoché, dunque, è stata inculcata stabilmente) la persuasione incrollabile che la connessione della natura non può venire interrotta, ma che noi non conosciamo ancora tutte le forze che nella natura sono operose, (si lascia ogni facoltà agli uditori benevoli) di assegnare il posto che meritano alle narrazioni di miracoli che si trovano nei Vangeli, e di tirare la somma». Quasi nello stesso modo si contiene anche il professore di Zurigo Konrad Furrer nella sua *Vita di Gesù Cristo* (*Leben Jesu Christi*), con questa differenza, che egli svolge di più gli accenni del suo collega di Berlino per uso di un pubblico più vasto. «Non può affatto sorprendere, egli dice, che di lui (di Cristo) siano stati narrati tanti miracoli; perché non conosciamo nessun personaggio eminente dell'antichità, la cui vita non sia stata circondata da una corona di fatti prodigiosi. Sappiamo come la tradizione ascriva un gran numero di miracoli al fondatore della religione israelitica (...). Sappiamo inoltre che miracoli sono stati assegnati anche ai grandi uomini di altri popoli. Finanche un uomo così temperante in tutta la sua vita come Maometto, il quale ha compito la sua opera nella piena luce della storia, è stato reso insigne nella fede di più tarde generazioni con uno sfarzoso corredo di miracoli. E, per citare qualche esempio, è stato detto che egli undici volte con poco pane e alcuni datteri cibò centinaia di persone, che una volta, sopra un cavallo disceso dal cielo andò, e tornò, dalla Mecca a Gerusalemme nel corso di una sola notte. Sappiamo come gli Indù, i quali possiedono una forza straordinaria d'immaginazione, dotino in modo meraviglioso di miracoli i loro eroi». Poi, sempre col suo imponente «sappiamo», continua ancora per un buon tratto parlando di Zarathustra nell'Iran e di Confucio in Cina, fino ai Negri, ai Tartari, agli Indiani, agli Esquimesi, per giungere da ultimo ai miracoli dell'imperatore romano Vespasiano ed a quelli dei Re di Francia e d'Inghilterra, e così tirare poi la conclusione impressionante, che «colui il quale portava dentro di sé una pace senza pari con Dio doveva divenire un salvatore per i malati di corpo e di spirito». In seguito, continua il critico, sarà in particolare dimostrato «in modo scientifico» come tutte queste storie di miracoli «non valgono niente, perché i miracoli non si danno». Come questi recentissimi moderni, così hanno fatto prima lo stesso Strauss, il Renan ed altri critici; né possiamo sotto questo aspetto constatare progresso di sorta nei più recenti. Interrompo per un attimo il Fonck (che scrive ai primi del 1900) per ricordare ai lettori che i modernisti d'oggi - i quali «infettano la Chiesa dall'interno» (*Pascendi Dominici gregis*, Papa San Pio X) - non solo hanno fatto propri questi errori, ma li hanno anzi peggiorati e riducono ogni cosa a mito e leggenda. Cito uno fra tutti - lo scandaloso Arturo Sosa - che non si vergogna di affermare: «A quel tempo (al tempo di Gesù) nessuno aveva un registratore», dunque, a suo dire, non possiamo essere certi di nulla. Andiamo avanti! Senonché si dovrà vedere con una certa meraviglia che un uomo come il professore J. N. Sepp, però sotto lo pseudonimo di «Amort il Giovine», nonostante la sua *Vita di Gesù* (*Leben Jesu*), e nonostante il suo maestro, l'Abate, e più tardi il Vescovo Haneberg, si accompagna nella medesima canzone coi critici nel suo scritto *Operatori biblici e operatori profani di miracoli* (Berlino 1880). Egli lamenta col «profondissimo» Delff che «i tre primi evangelisti abbiano avvilito la sublime figura di Gesù e l'abbiano tagliuzzata in meschine storie di miracoli», e arriva sino a scrivere la sentenza: «L'accolta dei miracoli ci nasconde la vera grandezza del divino messo di Nazaret». E come un parallelo ai racconti evangelici di miracoli il "dotto" autore, senza istituirne alcun esame ragionato, offre «una accolta di miracoli» pigliati da tutte le parti del mondo e da tutte le età, tra i quali occupano, naturalmente, un largo spazio le azioni di Apollonio di Tiana e le guarigioni operate dal diacono giansenista Paris. Simili obiezioni contro il significato dei miracoli e contro il loro potere dimostrativo non abbisognano di estesa confutazione. Basterebbe considerare in primo luogo che moltissimi dei racconti addotti per formare il parallelo portano in fronte manifesta la nota dell'invenzione, e non meritano essere messi a lato delle narrazioni vere di miracoli. In secondo luogo, una parte di essi si riduce a una contraffazione delle narrazioni evangeliche, mentre in un'altra parte non abbiamo che fare se non con frodi di più specie. In terzo luogo, miracoli veri e propri nel senso teologico del termine, che siano stati operati per confermare una dottrina falsa o per autenticare un culto non vero, non si trovano in nessuna narrazione che merita la nostra credenza. In quarto luogo, cose straordinarie, ma che non sorpassino le forze del mondo spirituale creato, possono esser permesse da Dio per motivi di più maniere. Peraltro si potrà sempre riconoscere dalle circostanze che noi ci troviamo semplicemente innanzi ad opere del demonio: tutte le volte che la narrazione riferisce tali casi come avvenuti veramente nelle religioni false. In quinto luogo, nulla si può dedurre da questi esempi contro i miracoli dei Vangeli e contro il loro potere dimostrativo. E ciò in generale. Rispetto poi ai casi speciali, si deve avvertire innanzitutto che tra i «miracoli di Vespasiano», due soli si trovano narrati in modo certo e particolareggiato (Tacitus, *Hist.*, 4, 81; Sueton, *Vesp.*, 7); e questi si riducono, secondo Tacito, a guarigioni giudicate esplicitamente dai medici come possibili ad ottenersi con i mezzi naturali. Difatti lo storico parla di un malato di occhi, che non aveva anche perduto interamente la facoltà visiva, e di un uomo con una mano slogata. Né è facile definire se quello che qui si riferisce della «sanità recuperata» si debba attribuire o ad adulazione, o a cause puramente naturali, o ad opera dello spirito maligno. Giova però notare che uno dei malati dichiarò che si era «volto all'imperatore per consiglio del dio Serapide». Dunque o è una frode, o è un inganno del diavolo. Del rimanente, si racconta una serie di guarigioni simili a queste, e che devono aver avuto effetto per l'uso di mezzi più straordinari. In secondo luogo, i pretesi miracoli del neopitagorico mago Apollonio di Tiana, che con ogni probabilità cessò di vivere in Efeso intorno all'anno 96 dopo Cristo, mentre altri mettono la sua morte come avvenuta a Lindo o a Creta, furono descritti sul principio del secolo terzo da Flavio Filostrato in otto libri, e usati, specialmente da Ierocle, governatore di Bitinia (intorno al 303) come parallelo ai miracoli evangelici contro il cristianesimo. Né sin qui ha avuto confutazione il giudizio che sopra il racconto presente diede Eusebio di Cesarea. Il quale, nel suo scritto *Contro i commentari di Filostrato intorno ad Apollonio di Tiana per la comparazione istituita da Ierocle tra esso e Cristo*, dimostra che quanto dice Filostrato si fonda sopra leggende immaginarie o formatesi tra il popolo e sopra favole, e che i "miracoli" raccontati o sono invenzioni ovvero sono illusioni diaboliche. Pure il critico di Tubinga F. Chr. Baur era dell'opinione che Filostrato abbia voluto rappresentare nel suo Apollonio un emulo di Cristo, corredato di tutte le virtù e del dono dei miracoli. In terzo luogo, i miracoli degli antichi re di Francia e d'Inghilterra non sono altro che la grazia data gratuitamente (*gratia gratis data*), la quale fu attribuita a questi sovrani e, secondo alcuni, anche ai re di Spagna, di guarire con il tocco della mano (il tocco regio, *the royal touch*) la gente dal gozzo e dalle scrofole o tumori glandulosi. Si veda il Liguori, *Theol. mor.*, 1, 3, n. 19; eccetera... In quarto luogo, sopra i "miracoli" di Maometto, «così temperante in tutta la sua vita» (sic!) e «nella piena luce della storia» (sic!), non conviene spendere nemmeno una parola. Le prove di virtù prodigiosa attribuite a lui dalla fede di generazioni più tarde sono un argomento caratteristico della fantasia orientale, la quale cercava di sorpassare le narrazioni evangeliche di miracoli. Sebbene alla cavalcata sorprendente, che il profeta fece di notte dalla Mecca a Gerusalemme, il professor Furrer avrebbe potuto aggiungere ciò che sicuramente anche a lui dovette essere raccontato dall'Imam nella moschea di Omar quanto alla rupe sacra e alle impronte delle dita dell'arcangelo Gabriele, per il cui segnalato favore la pietra, che già seguiva in alto l'uomo di Dio, rimase sospesa, fra cielo e terra, come preziosa reliquia per i Maomettani. Si veda il Liguori, *Verità della Fede*, III, Cap. 4, *Non può esser vera la religione maomettana*. In quinto luogo, dagli storici di qualche serietà si dà appena uno sguardo ai racconti giansenistici, specialmente a quello che concerne la tomba del diacono "taumaturgo" Francesco de Paris nel cimitero di San Medardo (1731). E si potrebbe stabilire in modo incontestabile che in nessuno di questi casi si ha un miracolo nel senso teologico della parola, ed inoltre che tutti i fatti che si raccontano in proposito, escludono l'origine divina. In sesto luogo, anche meno possono pretendere di meritare credibilità storica i miracoli inventati di Buddha, pura opera di fantasia e, in gran parte, metafisicamente impossibili. Oltre ogni ulteriore dissertazione, la prova più indiscutibile per considerare la non autenticità di questi pretesi miracoli è la falsa dottrina divulgata dagli operatori di tali prodigi o presunti prodigi. Da «*I miracoli del Signore*», idem.

Importanti punti del *Denzinger* sul miracolo

ella Costituzione dogmatica *Dei Filius* il Concilio Vaticano (Papa Pio IX) lancia il seguente anatema: «Se qualcuno dice che la Rivelazione divina non può essere resa credibile con segni esteriori e che, perciò, gli uomini devono essere mossi alla fede unicamente dall'esperienza interiore di ciascuno o da una ispirazione privata: sia anatema» (*Denzinger*, EDB, 2009, n° 3033). Nella medesima Costituzione leggiamo ancora: «Affinché l'ossequio della nostra fede fosse conforme alla ragione (cf. *Rm.*, XII, 1), Dio ha voluto che agli interiori aiuti dello Spirito Santo si accompagnassero anche prove esteriori della Sua Rivelazione: cioè fatti divini e in primo luogo i miracoli e le profezie che, manifestando in modo chiarissimo l'onnipotenza e la scienza infinita di Dio, sono segni certissimi della divina Rivelazione, adatti ad ogni intelligenza (Cann. 3 e 4), Per questo Mosè ed i profeti, e soprattutto lo stesso Cristo Signore, fecero molti chiarissimi miracoli e profezie. Così degli Apostoli leggiamo: *"Essi partirono e predicarono dappertutto, mentre il Signore operava insieme con loro e confermava la parola con i prodigi che l'accompagnavano"* (*Mc.*, XVI, 20), E di nuovo sta scritto: *"E così abbiamo conferma migliore della parola dei profeti, alla quale fate bene a volgere l'attenzione, come a lampada che brilla in luogo oscuro"* (*II Pt.*, I, 19)» (*Op. cit.*, n° 3009). Nella Enciclica *Pascendi Dominici gregis*, contro il Modernismo ed i modernisti, Papa San Pio X af-

ferma: «Prendendo, dunque, le mosse dal filosofo, tutto il fondamento della filosofia religiosa è riposto dai modernisti nella dottrina che chiamano *dell'agnosticismo*. Secondo questa, la ragione umana è ristretta interamente entro il campo dei fenomeni, che è quanto dire di quel che appare e nel modo in che appare: non diritto, non facoltà naturale le concedono di passare più oltre. Per questo non è dato a lei d'innalzarsi a Dio, né di conoscerne l'esistenza, sia pure per mezzo delle cose visibili. E da ciò si deduce che Dio, riguardo alla scienza, non può affatto esserne oggetto diretto; riguardo alla storia non deve mai reputarsi come soggetto storico. Poste tali premesse, ognuno scorge facilmente quali siano (per i modernisti) le sorti della teologia naturale, dei motivi di credibilità, dell'esterna Rivelazione. I modernisti tolgono tutto questo via di mezzo, e ne fanno appannaggio dell'intellettualismo, *"ridicolo sistema"*, come essi affermano, e *"tramontato già da gran tempo"*. Né in ciò ispira loro alcun ritegno il sapere che tali enormi errori furono già formalmente condannati dalla Chiesa. Giacché, infatti, il Concilio Vaticano così ebbe definito: *"Se qualcuno dirà, che Dio uno e vero, Creatore e Signor nostro, per mezzo delle cose create, non possa conoscersi con certezza col lume naturale dell'umana ragione, sia anatema"*; e similmente: *"Se qualcuno dirà non essere possibile, o non convenire che, mediante divina Rivelazione, sia l'uomo ammaestrato di Dio e del culto che Gli si deve, sia anatema"*; e finalmente: *"Se alcuno dirà che la rivelazione divina non possa essere fatta credibile da esterni segni e che perciò gli uomini non debbano esser mossi alla fede se non da interna esperienza o privata ispirazione, sia anatema"*. In quale maniera, poi, i modernisti dall'agnosticismo, che è puro stato d'ignoranza, passino all'ateismo scientifico e storico, che invece è stato di positiva negazione; e con quale diritto perciò di logica, dal non sapere se Iddio sia intervenuto o no nella storia dell'umano genere si trascorra a spiegare tutto nella storia medesima ponendo Dio interamente da parte come se in realtà non fosse intervenuto, lo assegni chi può. Ma tanto è; per costoro è certo e determinato che la scienza e la storia debbano esser atee; entro l'ambito di esse non vi è luogo se non per fenomeni, cacciando in tutto Iddio e quanto sa di divino. Dalla quale dottrina assurdissima vedremo rapidamente che cosa (i modernisti sono) costretti ad ammettere intorno alla persona augusta di Gesù Cristo, intorno ai misteri della Sua vita e della Sua morte, intorno alla Sua risurrezione ed ascensione al Cielo» (*Op. cit.*, n° 3475 e seguenti). Nel seguito immediato della *Pascendi* il Santo Pontefice dimostra in che modo il sistema dei modernisti nega, apertamente o dietro sofismi, la divinità di Gesù Cristo: dunque la veridicità dei miracoli. Nel *Giuramento antimodernista* (cf. *Sacrorum antistitum*, Papa San Pio X) leggiamo: «(Giuro di ammettere e di riconoscere) le prove esterne della divina Rivelazione, cioè le azioni divine, prima di tutto i miracoli e le profezie, come segni certissimi dell'origine divina della religione cristiana, e li ritengo essere perfettamente adatti all'intelligenza di tutte le generazioni e di tutti gli uomini, anche di questo tempo (anno 1910)» (*Op. cit.*, n° 3539). Il miracolo è motivo di credibilità e ci conferma l'origine divina della nostra religione, che è, quindi, l'unica vera. Infatti se Dio avesse rivelato più religioni, tutte in evidente contraddizione fra loro, confermandole altresì con autentici miracoli, Dio stesso sarebbe l'autore prima degli errori e poi degli inganni, quindi non potrebbe essere Dio, ma piuttosto il malvagio Demiurgo della *Gnosi*. L'individuo ragionevole facilmente conclude che è impossibile credere nel miracolo - secondo l'equilibrato rigore della Chiesa - e professare contemporaneamente il pernicioso ecumenismo, cavallo di battaglia dei modernisti, che riconosce autentiche, mediante sofismi e teatrali sacrileghe sceneggiate, le false religioni e le false chiese (cf. *Mortalium Animos*, Pio XI; *Orientalis Ecclesiae*, Pio XII). Dio, anche mediante il miracolo, ci dimostra che la Chiesa cattolica è la Sua Chiesa ed è l'unica vera Chiesa (cf. *Credo apostolico*; anche *Satis Cognitum*, Papa Leone XIII; *Mistici Corporis*, Papa Pio XII), parimenti ci dice che le altre religioni e chiese sono false, sono invenzioni umane, abitualmente sono "rivelate" - perdonatemi l'uso improprio del termine - dal demonio. Nelle *Tesi su fede e ragione opposte al fideismo*, all'epoca regnava glorioso Papa Gregorio XVI, leggiamo: «La prova tratta dai miracoli di Gesù Cristo, sensibile e lampante per i testimoni oculari, non ha per nulla perso la sua forza e la sua chiarezza di fronte alle generazioni successive. Noi troviamo questa prova con assoluta sicurezza nell'autenticità del Nuovo Testamento, nella tradizione orale e scritta di tutti i cristiani. È per mezzo di questa duplice tradizione che noi dobbiamo dimostrarla a quelli che la rifiutano o che, senza ammetterla ancora, la desiderano» (*Op. cit.*, n° 2753). In altre *Tesi*, che dovette sottoscrivere sempre Luis-Eugène Bautain (rimosso dal suo ufficio per sospetto fideismo e tradizionalismo), questa volta nel 1844, leggiamo al numero 4: «Io prometto, per il presente e per l'avvenire, di non insegnare mai che la ragione non possa acquisire una vera e piena certezza dei motivi di credibilità, cioè di quei motivi che rendono la Rivelazione divina evidentemente credibile, come lo sono particolarmente i miracoli e le profezie, e soprattutto la risurrezione di Gesù Cristo» (*Op. cit.*, n° 2768). Nell'Enciclica *Qui pluribus*, Papa Pio IX insegna: «Ma quanti meravigliosi e splendidi argomenti esistono per convincere l'umana ragione che la Religione di Cristo sia divina e che *"ogni principio dei nostri dogmi venga dal Signore dei Cieli"* (cita: San Giovanni Crisostomo); e perciò della nostra fede niente sia più certo, più sicuro, più santo ed edificato sopra più solidi fondamenti! Questa fede, maestra della vita, guida della salvezza, liberatrice di tutti i vizi, feconda madre e nutrice di virtù, fu sigillata con la nascita, la vita, la morte, la resurrezione, la sapienza, i prodigi, le predizioni del suo Autore e perfezionatore Gesù Cristo. Sfolgoreggiante da ogni parte di una luce di soprannaturale dottrina; arricchita dei tesori delle celesti dovizie; ampiamente illustre ed insigne per i vaticini dei profeti, per lo splendore di tanti miracoli, per la costanza di tanti martiri, per la gloria di tutti i Santi; questa fede vivificata dalle salutari leggi di Cristo, ritraendo sempre nuova vita dalle stesse crudelissime persecuzioni, con il solo vessillo della Croce percorse l'orbe universo e per terra e per mare, dal luogo ove nasce sin dove muore il sole. Dileguata la fallacia degli idoli, sgombrata la caligine degli errori, trionfando di ogni sorta di nemici, illuminò con la luce delle dottrine e assoggettò al soavissimo giogo di Cristo medesimo popoli, genti, nazioni quantunque barbare per ferocia, e diverse d'indole, di costumi, di leggi, d'istituti, annunziando a tutti la pace, annunziando beni. Le quali cose certamente risplendono da ogni parte di tanta luce, di sapienza e di potenza divina, che la mente ed il pensiero di ciascuno facilmente intendono che la fede di Cristo è opera di Dio» (*Op. cit.*, n° 2779). Sempre nella Costituzione dogmatica *Dei Filius* (Concilio Vaticano), già menzionata, ci viene insegnato infallibilmente dalla Chiesa: «Si devono credere con fede divina e cattolica tutte quelle cose che sono contenute nella parola di Dio, scritta o trasmessa per tradizione, e che vengono proposte dalla Chiesa, o con solenne definizione, o con il Magistero ordinario e universale, come divinamente ispirate, e pertanto da credersi. Poiché *senza la fede è impossibile piacere a Dio* (*Eb.*, XI, 6) e giungere all'unione con i Suoi figli, così senza di essa nessuno potrà mai essere assolto, come pure nessuno conseguirà la vita eterna senza aver *perseverato in essa sino alla fine* (*Mt.*, X, 22; XXIV, 13). Affinché poi potessimo adempiere il dovere di abbracciare la vera fede e perseverare costantemente in essa, Dio, mediante il Suo Figlio Unigenito, istituì la Chiesa e la insignì di così chiare note perché potesse essere conosciuta da tutti come custode e maestra della Parola rivelata. Infatti alla sola Chiesa cattolica appartengono tutte quelle cose così ricche e così meravigliose (per esempio i miracoli, *ndR*) che sono state divinamente predisposte per la credibilità della fede cristiana. (...) Onde avviene che essa, come *vessillo levato fra le genti* (*Is.*, XI, 12), invita continuamente a sé quelli che non credono, e assicura i suoi figli che la fede da loro professata poggia su solidissimo fondamento» (*Op. cit.*, n° 3011 e seguenti). Sempre nella *Dei Filius* la Chiesa lancia un altro anatema: «Se qualcuno dice che i miracoli sono impossibili e che quindi la loro narrazione, anche se contenuta nella sacra Scrittura, sia da relegare tra le favole e i miti; ovvero che i miracoli non si possono mai conoscere con certezza, né per mezzo di essi si può conoscere e provare sufficientemente la divina origine della religione cristiana: sia anatema» (*Op. cit.*, n° 3034). Terminati questi capitoli introduttivi prettamente apologetici, ed auspicando di aver illustrato la materia con sincerità e rigore scientifico, solo adesso posso riportare alcuni dei *Racconti miracolosi* che il venerando Padre Giacinto da Belmonte - *riposi in pace!* - raccolse nei suoi scritti. Essendo davvero tanti, mi riprometto, a Dio piacendo, di pubblicare almeno un secondo volume sull'argomento.

La monaca in Purgatorio e l'impronta di fuoco

acconto questo episodio sulla base della parola granitica di Mons. de Ségur. Nell'anno 1870, egli scrive, nel mese d'aprile, «io vidi a Foligno una di quelle terribili impronte di fuoco lasciate rare volte da anime che compaiono, e così ci attestano il fuoco dell'altra vita essere fuoco reale». Il 4 novembre 1859 morì d'apoplessia fulminante, nel convento delle Terziarie Francescane di Foligno, una buona suora, chiamata Teresa Gesta. Era da molti anni maestra delle novizie ed insieme incaricata al povero guardaroba del monastero. Era nata nel 1797 in Bastia, nella Corsica, ed era entrata in monastero nel febbraio del 1826. Non occorre dire che la morte la colse assai preparata. Il sedici novembre, dodici giorni dopo che suor Teresa fosse morta, un'altra suora, di nome Anna Felicita, salì al guardaroba e stette per entrare, quando sentì dei gemiti provenienti dall'interno della camera. Sebbene molto sbigottita, suor Anna aprì la porta, ma, appena messo il piede dentro la camera, sentì più spiccatamente tali gemiti. Si spaventò e gridò: «Gesù e Maria!». Allora i gemiti mutarono in queste chiare parole: «O mio Dio, quanto soffro!». Era la morta, suor Teresa, che pronunziava quelle strazianti parole. In un momento, l'ombra di suor Teresa apparve in mezzo ad un gran fumo e si diresse verso la porta, strisciando lungo il muro. Giunta alla porta, gridò: «Ecco un segno della misericordia di Dio (…)».

Con la mano destra percosse la parte più alta della porta, la mano vi affondò e lasciò su di essa un'impronta perfettissima: il legno rimase, con quell'impronta, carbonizzato. Ciò fatto, scomparve. La povera suor Anna Felicita, come si può facilmente immaginare, rimase quasi morta dalla paura e chiamò aiuto. Accorse una delle compagne, poi un'altra, poi un'altra ancora, infine tutta la comunità. Le suore chiaramente sentirono l'odore di bruciato, tutte videro l'impronta della mano sulla sommità della porta: tutte scorsero il legno carbonizzato. Riconobbero rapidamente l'impronta della mano di suor Teresa, che era notevolmente piccola. Quelle suore, intanto, esterrefatte corsero in coro a pregare per la defunta, e subito altre comunità religiose di Foligno vennero avvertite di pregare per quell'anima. Il 18 novembre successivo suor Anna Felicita si sentì chiamare per nome nella sua cella. Udita la voce, comparve ai suoi occhi uno sfolgorante globo di luce, ed in mezzo a quella luce v'era suor Teresa Gesta. «Mia sorella Anna», disse suor Teresa riboccante di giubilo, «io sono morta di venerdì, giorno dedicato alla Passione di nostro Signor Gesù Cristo, ed ecco che di venerdì me ne vado alla gloria: siate forti a portare la vostra croce, siate coraggiose nelle sofferenze, amate la povertà: addio, addio, addio!». Il Vescovo di Foligno ed i Magistrati della città aprirono un'inchiesta canonica per constatare il fatto, che venne riconosciuto d'una autenticità irrefutabile ed inappuntabile. Riflettiamo. Se il fatto della comparsa di suor Teresa Gesta non può mettersi in dubbio dalle persone assennate e sincere, come le suore, il Vescovo e quei Magistrati, si possono chiamare persone assennate e sincere coloro che deridono l'esistenza d'una vita futura? «Dopo la tomba non c'è nulla», dicono con ilarità alcuni saputelli. Essi forse hanno argomenti per dimostrare ciò che dicono? Neanche per sogno.

La giovane tiepida abbandonata dalla Madonna

na giovane donna sui quattordici anni era molto devota della Madonna. Il cuore innocente e sensibilissimo di quella creatura ardeva per Maria, la quale da lei veniva chiamata sempre col dolce nome di *Madre*. Quando pregava la Madonna per sé e per la famiglia, la giovinetta aveva proprio l'amore negli occhi. Non dimenticava mai - non dico solo il *Rosario* la sera e la mattina un buon numero d'*Ave Maria* - ma neppure di volgersi quasi continuamente con infuocate giaculatorie alla buona ed amabile *Regina dei cieli*. Era, insomma, tutta piena di Maria o, meglio, "tutta Maria" in quel tempo felicissimo della sua vita: «Maria nella mente, Maria nel cuore, Maria sulle labbra». Il profumo celeste di Maria, direi, quasi spirava da tutta la sua delicata e bellissima persona. Ma la Madonna fuggì, se non interamente, almeno in gran parte, da quell'anima fervorosa. Prima il pensiero della giovane donna si allontanò un poco dal cielo per volgersi alle vanità del mondo, poi il cuore cominciò sensibilmente a raffreddarsi, ed in fine quasi divenne ghiaccio. La poveretta lasciò intanto le sue devozioni alla Madonna, anche le giaculatorie, che non le volevano più uscire di bocca. Però quelle devozioni che cosa mai erano, allora, se non l'effetto dell'abitudine contratta da più anni, e non altro? La mente era distratta, il cuore dissipato e freddo, e la bocca macchinalmente pregava. Si capisce che la Madonna non gradiva

assolutamente quei *Rosari* o quelle *Ave Maria* senza l'attenzione della mente o senza l'infuocato affetto del cuore. Intanto la giovinetta se la passava in questo deplorevole stato, quando, per sua grande fortuna, la famiglia venne colta da un'inaudita sventura. Nelle sventure, ordinariamente, le anime tiepide diventano fervorose ed i peccatori e gli increduli: credenti. Sotto il peso della sventura, dunque, la giovane, oramai dissipata e fredda, tornò fervorosa come prima, e l'insolito fervore recò a lei stessa gran meraviglia. Corse ad inginocchiarsi dinanzi ad un'immagine di Maria e pregò. Ma la preghiera non venne esaudita e la famiglia non si liberò dalle strette della sventura. Invece di perdere coraggio, la giovane ne acquistò di più, e, inginocchiata dinanzi a Maria, pregò, pregò sempre, e la preghiera era accompagnata da spessissimi singhiozzi e da caldissime lacrime. La Madonna, però, non l'ascoltava. Finalmente una volta la povera pregante, sentendosi il cuore come stretto dentro una mano di ferro rovente, disse a Maria con una speranza saldissima: «Mostrati almeno una volta Madre, mostrati a me una volta Madre!». Allora la Madonna rispose così: «E tu mostrati a me una volta figlia, mostrati a me una volta figlia!». Non ci volle altro. La giovinetta capì tutto, e fece proponimento di liberarsi interamente dai pensieri e dagli affetti del mondo, che la stavano dannando già in vita e poi certamente in morte, e di ridonare il pensiero ed il cuore alla sua diletta Madre Maria. «Perché tante giovinette, di mente e di cuore dissipate, - dice Padre Belmonte - non si volgono a Maria? La delizia della mente nostra e la dolcezza del nostro cuore le dobbiamo trovare e le possiamo trovare solamente in Maria». La Madonna vuole la pratica della vera fede, non il sentimentalismo; vuole la rigida osservanza, non le fantasie e le opinioni; Maria vuole le virtù, non i vizi.

Il Re merovingio che dona la sua sposa a Dio

Frideburga, unica figlia d'un Duca della Svizzera, al tempo di San Gallo, era stata promessa per moglie a Sigeberto della dinastia dei merovingi, Re dei Franchi d'Austrasia. Per saggissimi progetti della divina Provvidenza, la giovane donna, poco tempo prima di sposarsi, fu colpita quasi a morte da infermità. Suo padre, il Duca, non trovava consolazioni e mise in opera tutti i mezzi umani per salvarle la vita. Mezzi che però non approdarono a nulla, e la povera Frideburga «picchiava ormai alle porte dell'eternità». Intanto era nota la grande virtù di San Gallo, la potenza concessagli da Dio d'operare miracoli, e venne chiamato subito alla casa del Duca. Quel padre spaventato, parlando quasi a sproposito, cominciò a dire a San Gallo che gli avrebbe fatto ricche donazioni, se subito avesse guarito la moribonda figliuola. L'uomo di Dio rise delle promesse economiche, e, portatosi alla sponda del letto di Frideburga, la benedisse nel nome del Signore. Appena ricevuta la benedizione, Frideburga fu sanata definitivamente. Dopo pochi giorni la fidanzata venne condotta a Metz per dare la sua mano al Re Sigiberto. Tutta la città era in festa per il fausto avvenimento e la promessa sposa fu accolta con onori solenni. Frideburga, però, «si vedeva santamente mesta e meditava di fare un "bel tiro" al suo promesso sposo». Chiese in grazia sette giorni di tempo per prepararsi cristianamente alle nozze. La

mattina del settimo giorno venne condotta alla cattedrale, ove tutto era in ordine per la funzione nuziale. Volle una piccola camera vicino alla sagrestia, perché lì, come ella diceva, amava indossare le vesti di sposa. Si vestì veramente da sposa d'uomo? No, Frideburga indossò gli abiti di monaca. Così vestita, mandò una serva a chiamare Sigeberto, il quale accorse. Misericordia! Il povero re dei Franchi, invece di vedere una principessa apparecchiata per legarsi ad uno sposo terreno, scorse una monaca preparata a legarsi allo Sposo celeste. Fuori di sé per lo sbalordimento, povero Sigeberto! Intanto la giovane gli disse che abbia «il coraggio di fare al Signore il dono d'una promessa sposa (...)». Sigeberto, sebbene di carattere bollente, rispose con generosità francese: «Ebbene, io faccio al Signore il dono della mia promessa sposa, però voglio adesso, o Frideburga, che sia compiuto un mio desiderio, ed è quello di recarci insieme alla chiesa, innanzi all'altare del tuo e mio Dio». La principessa non s'oppose. Giunsero in chiesa, si recano gli ornamenti delle nozze con la ricca corona regale, e Sigeberto volle che Frideburga ne fosse rivestita ed adornata. Egli disse, davanti al suo popolo e con voce alta, sebbene grandemente commosso: «O principessa, con questi stessi ornamenti, con cui dovevi essere mia sposa, io ti presento a Dio e ti dono io stesso in sposa a Gesù Cristo!». La moltitudine era in lacrime ed il Re, dopo il generoso sacrificio, si ritirò a piangere sconsolatamente. Dopo poco tempo fabbricò per Frideburga un convento, ove ella educò alla santità un gran numero di vergini e pregò sempre per il suo promesso sposo. Se noi vogliamo trovare la ragione di questi santi sacrifici, di questi miracoli di coraggio - oggi ordinariamente creduti pazzia o stupidità - dobbiamo cercarle nella gran fede che avevano quelle genti nei primi secoli

La scarcerazione del principe Leone

Ci troviamo ai tempi di Basilio I, detto *il Macedone*. Nato in area balcanica da una famiglia di contadini e di origini umili, Basilio (in carica dall'anno 867 circa) fu il primo della dinastia macedone sul trono di Costantinopoli. All'epoca, l'intrigante e turbolento eresiarca Fozio, progenitore della cosiddetta "chiesa" (nazionale) "ortodossa", riuscì ad insediarsi Patriarca in quella metropoli. L'Imperatore Basilio aveva un figlio di gran carattere, il quale prendeva il nome di Leone, ed era il legittimo erede al trono. Leone non vedeva affatto di buon occhio Fozio ed il suo partito, perché in fin dei conti del "partito foziano" stiamo parlando. Fozio seppe tanto macchinare, che lo fece addirittura chiudere in carcere dal proprio padre: dall'Imperatore. Gli uomini più dignitosi della Corte provarono un gran dolore per la sorte di Leone, così andavano dicendo fra loro, in segreto dall'Imperatore: «Ahimè! ahimè! il nostro signor Leone!...». Un pappagallo, che stava nella sua gabbia in una gran sala, sentiva ogni momento tutti quegli «ahimè! ...», e, com'è istinto di siffatti animali, li imparò a pronunziare spiccatamente. Accadde che un giorno Basilio diede un gran pranzo per quei signori della Corte, e, nel mentre si pranzava allegramente, il pappagallo, fuggito provvidenzialmente dalla gabbia, venne alla sala da pranzo e cominciò pietosamente a gridare: «Ahimè! ahimè! il nostro signor Leone!....».

Tutti freddati, i signori della Cortesi si guardarono in faccia e nessuno ebbe il coraggio di dire una sola parola. Finalmente si fecero forza alcuni Dignitari e dissero all'Imperatore: «Maestà, quell'uccello ci condanna tutti: noi siamo qui a fare allegria, mentre l'erede del trono è in carcere. Vostra Maestà non ascolti i calunniatori, ma esamini accuratamente le accuse mosse contro il nostro signor Leone». Basilio *il Macedone* capì, esaminò gli atti, ed il giovane Leone venne messo in libertà, con grande rammarico dei "foziani". Ecco che cosa sanno fare gli eretici - soggiunge il Padre Cappuccino Giacinto da Belmonte - con la calunnia e con le macchinazioni si adoperano per rovesciare i Troni e per perseguitare i giusti! Ma la Provvidenza veglia sempre sopra i buoni. In questo caso, Dio permise che un pappagallo venisse a difendere in faccia al padre la causa del suo figlio innocente: «Tutte le creature fanno la volontà del Signore». Dopo la morte di Basilio I nell'886, avvenuta probabilmente in una battuta di caccia, Leone gli succedette al trono con nome di Leone IV il Saggio, ricevendo lo scettro di quello che era l'Impero Romano d'Oriente più esteso sin dai tempi di Giustiniano I. Tra i suoi primi atti, fece deporre il Patriarca Fozio I di Costantinopoli.

Un parto mostruoso e San Francesco da Paola

n cosentino si presentò un giorno dall'eremita e taumaturgo San Francesco (Paola, 1416 - Tours, 1507), chiedendogli, tutto in lacrime, di prestargli soccorso in un suo bisogno impellente. Il Sant'uomo di Dio, sempre disponibile e dedito alla vera carità, disse: «Dimmi subito, figliuolo, dimmi subito, figliuolo». «Ecco qui», soggiunse il cosentino: «mia moglie, invece di una bella creatura, da me tanto desiderata, mi ha partorito un mostro». La moglie del cosentino aveva, difatti, da poco messo al mondo un povero bambino deforme a cui mancavano occhi, orecchie e bocca, ed aveva solo il naso, tanto che probabilmente sarebbe morto dopo poco. Condotto San Francesco presso il luogo del parto, continuando nei pianti, il cosentino fece alzare certi panni dove era ravvolta la «creatura-mostro», come la definisce il dotto Padre Belmonte senza mezzi termini. Fra i panni si vedeva quella creaturina infelice come un «pezzo di carne quasi schifoso», senza bocca, senza occhi, senza orecchi. San Francesco guardò «quella mostruosità» e ne sentì nell'intimo del cuore una pietà profonda. Egli prese con la sommità del dito indice un poco di sputo dalla sua santa bocca (cf. *San Giovanni*, IX, 6) ed unse con quello sputo i punti ove dovevano naturalmente essere collocati gli occhi, la bocca e le orecchie della creaturina. Poi disse al cosentino, il quale stava a vedere come sarebbe andato a finire questo rituale:

«Apri, in carità, con le proprie tue mani a questa creatura le orecchie, la bocca e gli occhi nei punti da me con lo sputo segnati». Il buon cosentino, non sapendo per lo stupore cosa fare, macchinalmente si adoperò nella santa istruzione data dal rinomato Taumaturgo della vera fede e del vero Dio. Ed ecco che su «quel mostro» apparvero due orecchie e due occhi bellissimi, ed una bocca con le labbra di schietto corallo. La povera «creatura-mostro», conclude il Predicatore, ci pare un simbolo spiccato della mostruosità che produce nell'anima il peccato mortale. Rimarremmo davvero spaventati se potessimo vedere un'anima inquinata dalla colpa del peccato mortale. Preghiamo San Francesco da Paola che ci preservi da questa disgrazia. Il presente racconto, oltre a quanto appena detto, ci dimostra come non sono le belle parole (per *rispetto umano*) e la farisaica ipocrisia che salvano le anime: questo crudo racconto ne è la testimonianza!

Il miracolo del bastone e delle tortorelle

l Padre San Francesco si stava dirigendo un giorno a Siena e, per una strada di campagna, incontrò un giovane, il quale si stava recando nel vicino paese per vendere alcune tortorelle. Il Santo, ch'ebbe una tenerezza singolare per le bestiole semplici ed innocenti, pregò cortesemente il giovane di cedergli quelle tortorelle. Avutele in mano, cominciò delicatamente a rimproverarle per non essere state accorte ad evitare la rete. Poi disse alle tortorelle: «Ora che io vi ho liberato tutte da una morte certa, non vi fate più prendere: io proprio in questo momento voglio provvedervi d'un luogo sicuro per fare il vostro nido». Le tortorelle miracolosamente stavano a sentire a capo chino la predica, e quasi mostravano vergogna per non aver avuto giudizio d'evitare la rete del giovane contadino. Ma, il luogo per fare il nido? Eccolo subito preparato. San Francesco aveva in mano un povero bastone, piantò sulla strada quel bastone, e, già la mattina seguente, si vide crescere un albero gigantesco!... Le tortorelle, proprio stridenti di gioia, vi fecero il nido sia in quell'anno che per molti altri anni. Quell'albero portentoso, benché scortecciato dalla grande devozione della gente, stette in piedi fino all'anno 1615. Con gli avanzi d'esso, il buon Dio operò grandi prodigi. Se ne fecero molte ciotoline per bere, le quali vennero cercate a gran premura da personaggi altissimi, e ne volle anche una Papa Clemente

VIII. Se ne fecero anche croci di varia grandezza. Il luogo ove successe il *miracolo del bastone* si chiama ancora «Alberino». Oggi abbiamo le «società delle bestie», ossia i cosiddetti animalisti, composte di persone che si propongono per scopo di difendere le bestie dai maltrattamenti degli uomini. Ma le "brave persone", che dichiarano di voler fare tanto bene alle bestiole, non hanno il cuore di san Francesco d'Assisi - denuncia il Padre Belmonte! Non è forse vero che pongono al primo posto gli animali? Che meriti avrà quella persona che difende tanto le bestiole ma, in fondo in fondo, odia i propri simili e dimentica Dio? Diceva il Santo Curato d'Ars: «Lasciate per venti anni una parrocchia senza il sacerdote, e vi si adoreranno gli animali». I modernisti hanno tentato e tentano di usare anche San Francesco d'Assisi per diffondere i loro veleni. Lo dipingono come un animalista, un sentimentale, un insubordinato: un uomo poco attento al rigore dottrinale, ma molto caritatevole e generoso. Niente di più falso. Papa Benedetto XV promulga la *Sacra Propediem* nel 1921, denunciando le moderne deformazioni della figura e dell'opera di San Francesco: «Innanzi tutto conviene che - dice il Papa - ognuno abbia un'idea esatta della figura di San Francesco, in quanto taluni, secondo l'invenzione dei modernisti, presentano l'uomo di Assisi poco obbediente a questa Cattedra apostolica, come il campione di una vaga e vana religiosità». Di lui va ricordato quanto egregiamente dice Tommaso da Celano: «Artefice veramente esimio, sotto la cui formazione religiosa, con lode degna di essere esaltata, si rinnova nell'uno e nell'altro sesso la Chiesa di Cristo, e trionfa una triplice schiera di gente che vuole salvarsi». San Francesco: «Nemico delle passioni predominanti in questa incredibile perversità di costumi, (nemico) dell'insaziabile sete di piaceri».

San Filippo Neri miracolato dalla Madonna

no dei santi innamorati perdutamente della Vergine Maria fu Filippo Neri. Amabile, tenero, divino Filippo Neri: «Prete e Confessore, Fondatore della Congregazione dell'Oratorio, insigne per la verginità, per il dono della profezia e per i miracoli» (*Martirologio Romano*, 1955, pag. 129). Egli non aveva altro nome per chiamare la Madonna che quello di «Madre», o, meglio, di «Mamma». Quando pronunziava quel nome adorabile i suoi occhi scintillavano luce di cielo. Negli ultimi anni della sua vita, San Filippo ebbe una malattia terribile: venne sorpreso da acuti e tremendi dolori in tutto il corpo e specie nelle ossa, che in pochi giorni lo ridussero con un debolissimo filo di vita. I medici si stringevano nelle spalle, scrollavano la testa e dichiaravano di non saper comprendere la misteriosa, ed insieme terribile, malattia. Se ne giaceva, il «Santo vecchio», su di un misero letto, aspettando la morte di giorno in giorno, anzi di ora in ora. Un mattino i medici lo trovarono alzato di un palmo dal letto con tutto il corpo, con le braccia protese, quasi volesse afferrare qualche cosa. Ma questo non è tutto. San Filippo gridava con voce commossa per la gioia: «Madonna mia! Madonna mia! Mamma mia bella!». Intanto ricadde sul letto e fece silenzio. I medici vollero fargli un cortese rimprovero, dicendogli che non stava bene affannarsi tanto e dimenarsi in quel modo sul letto, perché la sua malattia

era pericolosissima e rischiava la vita. «Ma come - rispose animatissimo Filippo - non avete voi dunque veduto la Madonna ch'è venuta a sanarmi?». Risposero i medici: «Via, se tu non lasci queste fantasie, noi non verremo più a visitarti». Replicò San Filippo: «Ed io non vi voglio più, perché sono guarito perfettamente per mano della mia Mamma del cielo». Dicendo questo, miracolosamente s'alzò dal letto, totalmente ed immediatamente guarito. I medici rimasero sbalorditi e confusi, uscirono e per tutta Roma e sparsero la notizia del gran miracolo. Quel Filippo Neri chiamava col nome di «Mamma» la Vergine Immacolata: chiamiamola con quel nome anche noi. Quella Madre ha la potenza di guarirci delle infermità, del corpo e dell'anima al medesimo tempo. Concludo con la preghiera a San Filippo Neri per la buona vita e morte: «+ O glorioso San Filippo, angelo di costumi, maestro di virtù, serafino di carità, apostolo di Roma e patrono della gioventù, io sotto la vostra protezione raccomando la vita mia. Ottenetemi la grazia di camminare per la strada retta del Vangelo e di star sempre vigilante e cauto, acciò la mia coscienza non si addormenti mai nella falsa e perniciosa pace dei peccatori. Assistetemi finalmente nell'ora della mia morte; scacciate da me, in quel passo terribile, il maledetto insidiatore, e accompagnate l'anima mia in Paradiso. Così sia +».

San Felice di Nola salvato da un ragno

an Felice di Nola venne salvato miracolosamente da un ragno. Ecco come andò il fatto strepitoso. Il coraggioso Santo, dopo aver trasportato sulle spalle il vecchio Vescovo Massimo da un bosco, ove si era riposato per la persecuzione dichiarata ai cristiani, presso la casa d'una vedova caritatevole e pietosissima, si mise a predicare coraggiosamente, in mezzo alla piazza della sua patria, la fede di Gesù Cristo. Alla notizia della santa audacia di Felice, giunsero subito sulla piazza i persecutori, ma Dio li accecò in maniera che non lo riconobbero. Alcuni delatori, però, avvertirono gli sgherri, dopo poco tempo, che Felice era in mezzo alla folla ed avrebbero potuto catturarlo facilmente. Allora egli fuggì e, non sapendo dove nascondersi, entrò in un vecchio casolare. Certamente lì sarebbe stato preso, dato che il casolare si trovava in bella vista di tutti quelli che passavano, se non fosse successo quel che segue. Un ragno immediatamente si recò ad intessere all'ingresso del casolare un'altissima rete, e San Felice rimase chiuso dentro. I soldati dell'Imperatore credettero proprio una pazzia andare a controllare in quel luogo, perché supposero che un uomo, nell'entrare, avrebbe dovuto squarciare quella fitta tela di ragno. Così Felice rimase salvo poiché la Provvidenza insegnò al ragno quel santo stratagemma. Molte volte la Provvidenza, pur scherzando, confonde i superbi figli del male e libera

dalle loro unghie i Suoi eletti. Adesso vediamo un altro fatto miracoloso.

San Francesco cibato da un angelo

San Francesco d'Assisi si trovava un giorno a Montpellier, affranto dai viaggi e dai lavori in una maniera incredibile. Parve, per un momento, che il suo abituale coraggio gli venisse meno. Si adagiò sopra un povero letto e disse al suo compagno, Frà Bernardo, che la debolezza ormai l'aveva ridotto agli estremi. Il povero compagno ne provò un dispiacere proprio in mezzo al cuore, e non volle lasciarlo neppure un minuto. E, quasi santamente importunandolo, quel Frà Bernardo gli andava domandando se mai avesse voluto prendere un po' di cibo, tanto per richiamare in vigore le forze smarrite. «Non posso mandare giù nulla», rispose sorridendo San Francesco, «semplicemente avrei desiderio di un uccellino selvatico, cotto in uno spiedo». Ciò detto, subito comparve nella stanza un personaggio «tutto gentilezza e garbo», il quale porse a Francesco un uccello ben cotto e gli disse: «Servo di Dio, prendete ciò che il Signore vi manda». Ciò detto, svanì. Il servo di Dio mangiò quella pietanza e poi disse al confratello: «Andiamo, non ho avuto mai tanta forza quanta me ne sento in questo momento». Il personaggio che recò al mio Santo Padre l'uccellino cotto era un angelo del Signore. Che grande onore per quel sublime Poverello! Ma quando noi onoriamo Dio con una vita santa, Dio, anche in questo mondo, onorerà noi. Lo sappiano tutti!

Leonzio: dalla cena festosa direttamente all'Inferno

l Padre Schouppe, nel suo libro *Il domma dell'Inferno illustrato con fatti*, racconta di un tragico castigo toccato, nei tempi nostri (fine del 1800), ad un empio negatore dell'Inferno. L'uomo era di ragguardevole casata e l'autore lo designa col nome di Leonzio. Questo infelice non solamente non ammetteva la credenza dell'Inferno, ma volgeva buffonescamente in ridicolo quella terribile credenza in mezzo agli sfaccendati suoi amici. Un giorno, però, in cui doveva dare un gran banchetto nel suo castello, gli accadde di trovarsi per un po' di passeggio con un suo amico non sfaccendato e volle con lui attraversare il cimitero. Il piede di Leonzio, per caso, urtò in un cranio che stava al suolo, ed egli lo scagliò via da sé con queste parole oltraggiose e blasfeme: «Lungi da me, ossa spolpate, miseri avanzi di ciò che non è più». «Il tuo linguaggio, o Leonzio, non mi pare corretto», gli disse l'amico in tono di grande serietà. Leonzio non rispose all'amico, ma al cranio stesso, facendogli questo tremendissimo invito: «Se lo spirito che ti animò esiste ancora, venga esso a raccontarmi novelle dell'altro mondo: l'invito in questa sera stessa al mio banchetto!». Venuta la sera, Leonzio se ne stava a tavola con numerosi amici e testimoni oculari di quello che accadde, raccontando loro sguaiatamente la sua avventura del cimitero. In quel momento si sentì un gran fracasso, ed al medesimo tempo uno spettro

orribile si presentò nella sala e gettò lo spavento fra i convitati. Leonzio, sopra tutti, perduta ogni audacia, diventò pallido, tremante, tutto fuori di sé. L'infelice sarebbe voluto fuggire, ma lo spettro non gliene diede il tempo, ché, afferratolo velocemente, gli sfracellò il capo contro il muro. Così quel disgraziato negatore e beffeggiatore dell'Inferno passò dal pranzo all'Inferno. Che facciano senno, una volta per tutte, gli innumerevoli negatori e beffeggiatori dell'Inferno dei giorni presenti![1]

---

1 *Sursum Corda ha recentemente pubblicato il libro «L'inferno è dogma o favola?», di Mons. Louis Gaston Adrien de Ségur, ISBN 9788890074745. Mons. de Ségur, vero teologo, dimostra l'esistenza dell'Inferno. Si tratta di un libro apologetico, ricco di dottrina ma facilmente comprensibile, adatto sia all'erudito che al semplice.*

San Giuseppe da Copertino vola per amore

Il Santo da Copertino dedicò - si può dire - la maggior parte della sua vita nell'estasi. Soventi volte volava dal coro e con le braccia aperte andava a mettersi in adorazione dinanzi al Santissimo Sacramento. Era un vero spettacolo, agli occhi del mondo carnale e corrotto, veder volare il Santo. Una volta si trovava nel coro insieme ad un altro religioso e contemplava con quella sua mente e con quel cuore le bellezze e le grandezze della Madre di Dio: la Madonna, *l'Immacolata*, la *Tota pulchra*. Riparato e nascosto in un angolo, tutto raccolto, l'altro religioso recitava molti *Pater...* San Giuseppe da Copertino, quasi senza capirne le ragioni, s'alzò in un momento ed andò a domandare così al povero religioso orante: «Tu ami la Madonna? Dimmi: Ami la Madonna?». Questi subito rispose: «Sicuramente, l'amo quanto la posso amare». E Giuseppe, col volto tutto acceso, con la voce animatissima, con gli occhi che scintillano lume di cielo: «Ma rispondi: ami la Madonna com'ella merita, secondo la sua grandezza, le sue perfezioni ammirabili?». Soggiunse il religioso: «Io non posso conoscere l'amore che porto a Maria, l'amo come posso», il quale, a dir giusto, non ci capì nulla in quelle domande apparentemente senza costrutto. Allora il Santo, senza proferire un'altra sillaba, infilò le mani nei capelli di quel suo compagno e volò in estasi. Tenne fortissimamente per le chiome quel "malcapitato" religioso e volando girò

e rigirò sotto la volta della chiesa. Dava l'immagine di un uccello che avesse tenuto stretta tra gli artigli la preda rapita nel piano. Il religioso tremava tutto e, da un momento all'altro, credeva di cadere a piombo sul pavimento della chiesa. Ma, finita l'estasi, dal gran Santo venne rimesso soavemente in coro, proprio nel posto ove prima se ne stava a pregare. Ecco una delle divine pazzie dell'amore che i santi nutrono verso la Madonna. Ah, se tutti noi avessimo queste divine pazzie!

Sant'Ignazio converte un "tavolino"

i tempi di Sant'Ignazio di Loyola abitava a Roma un gran signore, il quale, purtroppo, non viveva tanto cristianamente la sua vita. Tuttavia quel nobile signore era d'un umore proprio singolare. Egli commetteva certi peccati assai gravi, e poi ne sentiva un dispiacere indicibile, così si proponeva di non cascarci mai più. Intanto il poveretto, non essendo tanto guardingo nell'evitare le occasioni di peccato, commetteva sempre gli stessi peccati. Un giorno si recò a fare visita a Sant'Ignazio e, tutto compunto, gli chiese di voler pregare per lui il Signore, perché egli era uno di quegli infelici che hanno desiderio di salvarsi l'anima, ma non possono, essendo sempre imbrogliati tra i lacci del demonio. Sant'Ignazio promise di pregare e, nel contempo, dette consigli a quel signore di stare allerta e di fuggire le occasioni che lo facevano cadere con tanta facilità. Dopo un mese pieno di confusione, egli tornò dal Santo e lo rimproverò dolcemente di non aver pregato per lui Iddio. «Io ho pregato per voi», gli risponde Sant'Ignazio, «ho pregato ogni giorno, ho pregato molto». Allorché il signore: «Ed io perché, perché son caduto nel peccato più miserevolmente di prima?». Sant'Ignazio, dopo aver riflettuto un poco, si alzò dalla sua sedia e pregò quell'uomo di volerlo aiutare a portare un tavolino da una stanza ad un'altra. «Son fortunato - risponde l'uomo - eccomi pronto». Allora succede uno scherzo curioso.

Sant'Ignazio afferra il tavolino dal lato ch'è vicino al muro della sua cella ed il signore l'afferra dal lato che guarda la porta della medesima cella, sicché per uscire il povero signore deve camminare di spalle e Sant'Ignazio nella maniera ordinaria. Intanto il Santo, afferrato il suo lato del tavolino, invece di cominciare a camminare come faceva il suo compagno, puntò sul pavimento i piedi e non si volle muovere per nessuna ragione, anzi tirò quanto a sé il tavolino il più possibile. «Ma allora, P. Ignazio», dice meravigliato il cavaliere, «allora come porteremo noi nell'altra stanza questo tavolino? Vienimi appresso, via, e non state fermo, e non tirare anzi». Sant'Ignazio, a quell'osservazione tanto giusta, lasciò il tavolino, portò le mani sul petto e rispose seriamente a quel signore: «Ecco, fratello mio, il caso vostro preciso. Io prego per la vostra conversione, voi non aiutate la mia preghiera con la vostra cooperazione e tirate per la parte dell'occasione e della tentazione; e come allora vi potrete convertire davvero al Signore? Tiriamo tutti e due per la stessa parte, e tutto andrà benissimo». Il cavaliere capì benissimo il latino, seguì il saggio consiglio di Sant'Ignazio e si diede per sempre al servizio di Dio ed alla salvezza della sua anima. Sicché, con quel muto linguaggio del tavolino, il gran Santo di Loyola convertì quel povero peccatore. Simili a quel signore di Roma sono tanti deboli cristiani che hanno il desiderio di salvarsi e si vanno sempre raccomandando alle orazioni delle anime buone, ma senza fare il minimo sforzo contro la loro natura abituata al peccato. E ce ne sono tanti altri che si lamentano delle disgrazie della vita, eppure non fanno neanche il minimo accenno di preghiera al Signore del Creato. Ma sono gli stessi che, poi, si prostrano ai piedi dei "potenti" della terra per avere qualche beneficio. Costoro non andranno certo in Paradiso.

San Giovanni d'Alessandria e la coperta logora

an Giovanni - Patriarca della chiesa di Alessandria - ebbe il nome di *elemosiniere* per le straordinarie elargizioni che faceva ai poveri. Egli era nato a Cipro in una famiglia ricchissima. Ad Alessandria poi, fatto Patriarca, divenne padrone di vaste terre e beneficiario di molte entrate. Tutto il danaro di cui poteva disporre egli lo spendeva per i poverelli, proprio tutto. Conosciuto come uomo davvero caritatevole, a lui facevano ricorso con confidenza illimitata non solo i bisognosi d'Alessandria, ma moltissimi della Persia, della Siria, della Palestina e di altre regioni anche lontane. I ricchi cristiani d'Alessandria poi, pensando che il Patriarca avrebbe fatto molto meglio di loro la carità ai poveri, mandavano al suo palazzo quello che potevano dare ai poveri stessi. E così le elemosine di Giovanni erano tanto copiose e straordinarie da far strabiliare tutti. Ma quell'uomo lì non sedeva ad una mensa, se non abbondante, almeno decente per il suo grado, e non aveva un letto da Patriarca? La mensa di Giovanni era come quella del più povero degli uomini. Il letto, poi, era un misero pagliericcio con sopra una coperta logora. Un gentiluomo, vedendo quella coperta, ne ebbe una stretta al cuore, tanto più che il Patriarca era vecchio ed infermo. Il nobile e caritatevole gentiluomo corse in casa e spedì, tramite un suo servo, una coperta migliore - assai migliore - al palazzo patriarcale. Appena San Giovanni vide

quella coperta nuova e bella, fu davvero rallegrato e, senza perdere tempo, la mandò ad una povera famiglia. Egli, intanto, volle morire sul suo meschino letto ed avvolto in quella coperta logora! Ma questa carità, gridano col sangue agli occhi i moderni filantropi, è una vera pazzia. La carità - che loro riducono all'elemosina ostentata - dev'essere regolata dalla ragione; e la ragione comanda che prima pensiamo ai nostri bisogni e poi a quelli dei simili nostri. Capisco molto chiaramente le vere intenzioni dei filantropi, ma i figli di Gesù Cristo, nel fare del bene al prossimo, non sono guidati dai lumi della ragione, sebbene dagli impulsi della carità: ben operano, ovvero osservano i Comandamenti di Dio ed i Precetti della Chiesa e confidano nella Divina Provvidenza. Intanto i poveri non vadano mai a picchiare alle porte dei filantropi, mai. Insegna il Sommo Pontefice Leone XIII: «La setta massonica, per quanto ostenti uno spirito di beneficenza e di filantropia, non può esercitare che un'influenza funesta: ed appunto funesta perché combatte e tenta distruggere la religione di Cristo, vera benefattrice dell'umanità» (*Dall'alto*, Lettera enciclica, 1890).

San Giovanni Damasceno e lo schiavo cristiano

 Damasco viveva un cristiano di grande fervore e d'una carità singolarissima. Questi, per le sue grandi virtù, venne chiamato presso il sovrano dei Maomettani a consigliere di Stato. Soventi volte, nel mercato di Damasco, si vedevano turbe di cristiani che venivano venduti come schiavi, e quel consigliere comprava i poveri cristiani e poi dava loro la libertà. Un giorno vide nel mercato un uomo che piangeva sconsolatamente, e, avvicinato dal consigliere cristiano, questi ne ebbe per risposta che se il misero non fosse stato comprato da qualche cristiano, avrebbe rischiato d'essere strozzato dai Maomettani, essendo un sacerdote cattolico. «Sacerdote cattolico?», domandò il buon consigliere, «sacerdote cattolico? E quale è la vostra patria?». Rispose il povero schiavo: «Io sono d'Italia, sono monaco e sacerdote, ed il mio nome è Cosma. Ho studiato molto e mi rincresce di morire senza prima aver comunicato ad altri il frutto dei miei studi». Udendo questo, il consigliere di Stato gongolò di gioia e, dall'intimo del cuore, ringraziò la divina Provvidenza della stupenda occasione che gli metteva in mano. «O buon Cosma», gli disse, «io vi compro in questo momento per ospitarvi in mia casa ad educarmi ed istruirmi un carissimo figliuolo, il quale ha nome Giovanni, e si mostra molto inclinato agli studi ed alla virtù». Cosma, difatti, venne comprato e condotto in casa del consigliere. Quel Cosma,

quel povero schiavo, sapete che cosa fece? Educò ed istruì il giovinetto Giovanni, e poi quel Giovanni venne chiamato nella storia della Chiesa: *San Giovanni Damasceno*. Iddio non lascia mai senza ricompensa le azioni buone dei genitori. Quando i genitori amano la virtù, Iddio rende i loro figliuoli la corona più bella della loro testa. E se talvolta ci sembra di vedere qualcosa di diverso, dobbiamo perseverare nella fede e dobbiamo dire con Giobbe: «Il Signore ha dato delle consolazioni, il Signore le ha tolte; sia benedetto il Suo santo Nome». Dove Dio dichiara: «Sono un Dio geloso, che punisce la colpa dei padri sui figli fino alla terza e quarta generazione di coloro che mi odiano, ma che usa benevolenza fino alla millesima generazione di coloro che mi amano ed osservano i miei precetti» (*Es.*, XX, 5-6); è Dio stesso che sta rivendicando la Sua sovranità e sta garantendo che il Suo amore supera la Sua ira con gli uomini che Lo temono. Il fedele vassallo del re, certamente viene ripagato con tanti benefici per sé e per la sua famiglia. Il vassallo infedele e traditore viene esiliato dal regno e ridotto in miseria con tutta la sua famiglia. In questo senso, per fare un esempio squisitamente umano, «la colpa dei padri (ricade) sui figli». Questo vale sia per i singoli, che soprattutto per gli interi popoli. Quanto sbagliano quei superstiziosi che credono che Dio possa scagliare una sorta di maledizione sull'albero genealogico, e che quindi esortano i loro adepti alle cosiddette *"preghiere per l'albero genealogico"*. Chi vi scrive - Carlo Di Pietro - anni fa venne coinvolto anche in questo errore dai sedicenti "carismatici", e per questo chiedo perdono a Dio e mi scuso per aver, a mia volta, verosimilmente trascinato nel medesimo errore dei lettori. Lettori di cattiva stampa, di cui io ero autore.

Il monaco Stefano contro l'Imperatore iconoclasta

Racconta il padre Belmonte che una volta ai «corrotti e ridicoli Imperatori di Costantinopoli» venne in mente la «strana follia di fare un'accanita persecuzione alle sacre immagini». Dalla persecuzione alle immagini quegli Imperatori vennero chiamati «*iconoclasti*». L'Imperatore Costantino Copronimo fu il più zelante degli «iconoclasti» dell'Oriente. Un santo monaco chiamato Stefano difendeva, con tutto lo zelo possibile, il culto delle immagini e, quindi, Costantino era molto in collera con lui. Un giorno l'Imperatore lo fece chiamare a palazzo per interrogarlo alla presenza di molti «vilissimi suoi cortigiani». Il monaco Stefano non si lasciò affatto intimorire e tranquillamente rispose all'Imperatore che i cattolici non prestavano culto idolatrico alle immagini, perché la venerazione si prestava a Dio, alla Madonna ed ai Santi, dalle immagini stesse rappresentati. Quel Costantino, però, «come è costume di tutti i superbi e potenti», non volle arrendersi alle ragioni di Stefano ed iniziò a gridare che bisognava venerare Iddio, Maria ed i Santi e calpestare assolutamente ogni immagine che li rappresentasse. Allora Stefano si fece destramente cadere una moneta che aveva l'immagine dell'Imperatore e poi vi mise sopra il piede: «la calpestò dispettosamente». I «vilissimi cortigiani gridarono subito al sacrilegio» ed accesi di rabbia dissero all'Imperatore che l'insolenza di quel monaco doveva essere punita con la morte.

«Come!», rispose Stefano: «vanno alla morte coloro che commettono delitti, e qual delitto ho commesso io?». «Qual delitto, dici? - gridarono tutti insieme - ma se tu hai calpestato l'immagine dell'Imperatore, ed hai fatto questo alla presenza dell'Imperatore medesimo?». Replicò il santo monaco: «Adagio, miei buoni signori, calpestare l'immagine dell'Imperatore non è un delitto, perché io venero l'Imperatore sì, ma non sono tenuto a venerare e rispettare le sue immagini. E se poi si debbono rispettare e venerare le immagini d'un Imperatore terreno, perché non si debbono venerare e rispettare quelle dell'IMPERATORE del cielo e della terra?». L'argomento o il ragionamento del monaco Stefano era terribile. Quegli «iconoclasti», con l'Imperatore a capo, che cosa risposero? Diedero questa risposta: «Stefano sia condannato alla morte per aver difeso il culto dello sacre immagini e calpestato l'immagine dell'Imperatore!». *Tirannelli!* Ma la storia «dà sempre il fatto loro a questi imbecilli tirannelli, sempre», commenta padre Belmonte. Intanto anche sotto i nostri occhi vediamo ripetersi la medesima «lurida scena di Costantino Copronimo». Si grida a squarciagola contro l'idolatria delle immagini sacre e del culto dei Santi della Chiesa cattolica, ed intanto si è matti addirittura per il culto di certi scostumati, blasfemi ed ignoranti di prima categoria. Aspettiamo con calma le lezioni e le vendette della storia!

Mirabili parole di un Imperatore cristiano

arlo Magno in un'assemblea di signori disse queste parole: «La fede ci salva, purché sia accompagnata ed adempiuta con le buone opere, ma senza le opere è morta; come pure le opere senza la fede non possono piacere a Dio. Dunque, fratelli, amate Dio con tutto il vostro cuore e con tutte le vostre forze, e fate ciò ch'è grato a Lui: fatelo sempre per quanto potete col Suo aiuto e fuggite tutto ciò che Gli dispiace. Chi dice d'amare Dio e non ne osserva i comandamenti, mente». Ed ancora: «Amate il vostro prossimo come voi stessi e fate elemosina ai poveri secondo la vostra condizione; ospitate i pellegrini, visitate gli infermi, usate misericordia con i prigionieri. Non operate male contro nessuno, né mostratevi consenzienti a coloro che fanno il male; poiché l'uomo si rende colpevole non solo operando il male, ma eziandio nel consentirvi». Così proseguì: «Riscattate gli schiavi, soccorrete gli oppressi, difendete le vedove e gli orfani, giudicate secondo la giustizia, non prendete parte all'iniquità, non conservate la collera, evitate le gozzoviglie e le intemperanze. Siate mansueti ed umili; perché l'odio e l'invidia ci separano dal regno di Dio; ristabilite la pace tra noi. È da uomo il peccare; è da angelo il fare bene; ma è da demonio il perseverare nel peccato. Difendete la Chiesa di Dio; sostenete le ragioni dei sacerdoti, affinché preghino per voi». Queste parole sembrano uscite addirittura dalla bocca del più grande dei Padri della Chiesa. Carlo Magno aveva dovuto studiare profondamente la religione cristiana, per parlare in questo modo ad una grande assemblea di signori francesi. Ah, se tutti i re parlassero in questa maniera! Stringe terribilmente il cuore il pensare che tanti sovrani oggi non mostrano altro impegno sul trono che quello di beffeggiare e disprezzare le grandi verità della Chiesa cattolica! Ma questi sovrani hanno già smesso d'esser tali e sono fatti sudditi di quei terribili nemici d'ogni sovrano, i quali si chiamano *Comunisti, Socialisti* e con altri nomi stranissimi! Denuncia il Papa Leone XIII: «Venerabili Fratelli, Noi (biasimiamo) la setta di coloro che con nomi diversi e quasi barbari si chiamano *Socialisti, Comunisti* e *Nichilisti,* e che sparsi per tutto il mondo, e tra sé legati con vincoli d'iniqua cospirazione, ormai non ricercano più l'impunità dalle tenebre di occulte conventicole, ma apertamente e con sicurezza usciti alla luce del giorno si sforzano di realizzare il disegno, già da lungo tempo concepito, di scuotere le fondamenta dello stesso consorzio civile. Costoro sono quelli che, secondo le Scritture divine, *"contaminano la carne, disprezzano l'autorità, bestemmiano la maestà",* e nulla rispettano e lasciano integro di quanto venne dalle leggi umane e divine sapientemente stabilito per l'incolumità e il decoro della vita» (*Quod Apostolici muneris,* Lettera enciclica, 1878). Tornando a Carlo Magno, è necessario rilevare, purtroppo, che infine «egli non avvertì la distanza fra i problemi teologici e le passioni della politica e, per la sua personalità accentratrice, si intromise con diretti interventi nel geloso campo della Chiesa». Per approfondimenti rimando gli stimati lettori all'*Enciclopedia cattolica,* Vaticano, *imprimatur* 1949, Vol. III, Col. 874 e segg., voce di Pier Fausto Palumbo.

Flora e Maria decapitate dai Maomettani

Agli inizi del secolo nono, in Spagna, i Maomettani, che lì imperversavano, eseguirono grandi stragi di cristiani. I casi, poi, di due verginelle sono davvero pietosi. Una si chiamava Flora (di Cordova), l'altra Maria (Marta). Flora era nata da madre cristiana e da padre maomettano. La buona genitrice ne aveva fatto un'anima innamorata perdutamente di Gesù Cristo. Flora era mite, umile, amante della mortificazione, caritatevole con i poverelli, ritirata, desiderosa di pregare e di meditare giorno e notte. Purtroppo perdette i genitori e rimase sola con un fratello, il quale era maomettano e «scostumato come un ciacco» (un maiale: *«Degno di star col ciacco nel porcile»*). Quel «demonio di fratello» intendeva sedurla, così Flora scappò di casa (fu brutalmente picchiata con l'accusa di apostasia e fu costretta a fuggire per sei anni). Finalmente si riparò in una chiesa (la basilica di San Ascisclo), dove vi trovò un'altra giovane fanciulla di nome Maria: «che pregava tutta accesa di fervore». Le due ragazze s'avvicinarono, si scambiarono poche parole, e quelle poche parole bastarono per far nascere tra loro un'amicizia che non sarebbe finita mai. Maria era la sorella di un diacono chiamato Valabonso, martirizzato pochi giorni prima. «Sorella - disse Flora a Maria - preghiamo insieme il buon Gesù che ci faccia degne del martirio». Maria replicò rapidamente: «Preghiamo, Flora mia, preghiamo». Il buon Gesù poteva fare a

meno di ascoltare la preghiera di quelle due «innocenti colombe»?
Assolutamente no. Passarono pochissimi giorni e Flora e Maria
furono imprigionate dai «sozzi Maomettani» (il P. Belmonte sta
denunciando il loro stile di vita). In prigione furono visitate da
Sant'Eulogio di Cordova, che ivi scrisse il *Documentum martyria-*
le. Il fratello di Flora, respinto dalla giovane vergine, corse al
tribunale per accusare crudelmente la povera sorella di essere
cristiana e schernitrice delle leggi di Maometto. Le due ragazze,
intanto, replicavano coraggiose alle accuse, e, con discorsi bellissimi, «facevano dinanzi ai giudici la confutazione della stupida
religione maomettana» (l'Autore intende evidenziare le tante
contraddizioni e contraffazioni bibliche della dottrina cosiddetta
islamica). I giudici non sapevano rispondere: «erano ridotti da
quelle giovinette ad un silenzio assoluto». I brutali tiranni finalmente dettero una risposta, che fu appunto la condanna a morte
delle due fanciulle, poiché cristiane. Flora e Maria tripudiarono
di gioia ineffabile e resero grazie a Gesù Cristo. Poi, coraggiose,
porsero l'innocente collo ai carnefici e le loro anime, insieme
abbracciate, volarono al cielo (il 24 novembre 851). Conclude il Padre
Belmonte: «L'esempio di queste due giovinette non ci dice nulla?
Via, cominciamo una buona volta ad essere cristiani».

Due mariti e due mogli martiri di spada

el tempo che furono in carcere Flora e Maria (poi decapitate dai Maomettani) vennero pietosamente visitate da un marito e da una moglie. Ecco in due parole la storia di quei due coniugi. Aurelio era figlio, come Flora, di madre cristiana e di padre musulmano. La sua famiglia era ricchissima. Perduta la madre in tenera età, venne educato con molto zelo alla religione cristiana da una santa zia. Il padre l'obbligò a leggere il libro dei Maomettani, che ha nome *Alcorano*, ed Aurelio lo lesse per farne una confutazione solenne, mettendolo a confronto con la sacra Scrittura. Divenuto adulto, prese in sposa, per buona provvidenza, una saggia giovine cristiana che si chiamava Sabigota. La moglie allietò Aurelio di cari bambini, i quali venivano educati con ogni premura alla santa religione del Figlio di Maria. Un giorno Aurelio vide un mercante cristiano, il quale era caricato d'insulti dai Maomettani e veniva condotto al martirio. Il martire andava lieto alla morte e perdonava di tutto buon cuore le ingiurie che gli venivano fatte. Aurelio ne fu commosso oltre ogni dire, e, ritirato in famiglia, disse alla moglie ch'era una bella cosa morire martiri per la fede di Gesù Cristo. E poi soggiunse: «Bisogna, o Sabigota, che noi cominciamo a condurre una vita di molta perfezione per impetrare così da Dio la grazia d'essere martiri». La pia moglie non voleva sentire altro. Da quel giorno i due coniugi si proposero

di condurre una vita santa. Quando vennero martirizzate Flora e Maria, dopo un giorno apparvero a Sabigota tutte splendenti di lume divino ed ella domandò se col marito avrà l'invidiabile sorte del martirio. «Sì, o Sabigota, risposero le giovinette: anzi dovete morire martiri insieme ad un monaco». La moglie raccontò ad Aurelio la visione e tutti e due pensarono subito a collocare i bambini presso famiglie cristiane e devote. Non passò molto tempo che un monaco, venuto dalla Palestina, si presentò alla casa d'Aurelio e di Sabigota per avere ospitalità. Fu ricevuto con gran festa ed i coniugi, guardandolo, pensarono che forse doveva essere il compagno del loro martirio. Difatti il giorno seguente Sabigota venne scoperta in chiesa per cristiana e, appena ritornò in famiglia, vennero mandate alcune guardie per arrestarla. Le guardie, arrivate alla porta, gridarono: «Uscite, o miserabili cristiani, venite alla morte, poiché non vi piace di vivere secondo le leggi di Maometto». In quella casa c'erano allora altri due coniugi, chiamati Felice e Liliota, venutivi per parlare di religione cristiana. Non solamente, dunque, le guardie maomettane arrestarono Sabigota ed il marito, ma anche Felice e Liliota. Le due mogli si presero per mano, come i due mariti, e tutti e quattro gridarono lietissimi: «Andiamo a morire!». Il monaco, intanto, veniva lasciato in pace, quando egli si mise a sgridare aspramente quei Musulmani, che facevano tanto mal governo dei poveri cristiani. Allora le guardie rabbiosamente s'avventano al monaco e lo trascinano, insieme a quei coniugi, al martirio. Il monaco aveva nome Giorgio. Noi poveri cristiani del secolo decimonono diciamo che quei coniugi non avevano cuore, eppure essi si rallegrarono di morire per Gesù, rinunciando a tutti gli onesti piaceri della loro vita e della figliolanza. Avevano il vero amore.

Il Re Edmondo miracolato da San Dunstano

Nella prima metà del decimo secolo viveva in Inghilterra un giovane molto dotto nella filosofia, nella scienza religiosa, nella musica, nella pittura e conosceva anche l'arte della fusione dei metalli. Poiché, all'epoca, in alcune nazioni correvano tempi di diffusa ignoranza, quel giovane venne creduto addirittura un mago a causa delle sue conoscenze. Tale lo calunniavano gli sfaccendati! I suoi ignoranti emuli e nemici lo accusarono presso il Re e gli fecero passare alcuni brutti momenti. Quel giovane, che si chiamava Dunstano, fuggito a morte del mondo e delle sue vanità, si volle ritirare nella solitudine del chiostro. Ma, il Re Edmondo lo convocava spesso alla corte per avere lumi e consigli nel governo del suo regno. Dunstano non ingannava mai il suo Re, non gli diceva altro che la verità, non l'adulava mai, sempre lo incoraggiava alla virtù. Un giorno, però, i saggi consigli del monaco non andarono a genio ad Edmondo ed il poveretto venne licenziato bruscamente dalla corte. Credete voi che Dunstano si fosse impensierito per la lavata di testa che si buscò dal Re? Neppure per ombra: egli aveva fatto il suo dovere, aveva detto al Re la pura e schietta verità, quindi, con coscienza tranquilla, ritornò al suo desiderato e diletto monastero. Ad Edmondo, però, accadde un caso terribile. Egli, toltosi dinanzi agli occhi Dunstano, ed in quella maniera così brusca, ordinò una partita di caccia, tanto per dimenticare il malumore. Spronò con cieco furore un brioso cavallo e si incamminò per un bosco. Il cavallo gli guadagnava la briglia e si mise a correre all'impazzata, né il povero Edmondo ebbe modo di frenare in alcuna maniera l'infiammato e furente animale. Quel cavallo arrivò davanti ad un precipizio orrendo e stava per traboccarvi col malcapitato cavaliere. Altri due salti, e giù nell'abisso... Edmondo si vide perduto, irreparabilmente perduto. In un attimo gli venne alla mente che quel giorno aveva contristato il santo monaco Dunstano, se ne pentì sinceramente ed invocò l'aiuto di Dio, con la promessa di riconciliarsi subito con Dunstano. Portento! Il cavallo, come fosse trattenuto da una mano invisibile, si fermò, s'arrestò, ormai non fece neanche il più lieve movimento. Edmondo, che non era nuovo alle cavalcate, fece fatica a credere ai suoi occhi. Ritornato subito alla reggia, e, fatto chiamare Dunstano, gli si buttò ai piedi piangendo e gli domandò, per amor di Dio, perdono dell'offesa fattagli. «Entrando nella chiesa, il Re prima si prostrò in preghiera davanti all'altare, quindi, prendendo per mano San Dunstano, gli diede il bacio della pace, lo condusse al seggio dell'abate e, facendovelo sedere, gli promise tutto l'aiuto possibile per restaurare il servizio religioso e l'osservanza delle regole monastiche» (cf. *Catholic Encyclopedia*, 1913, v. *St. Dunstan*). Ecco come il Signore sa proteggere l'innocenza e la sincerità dei Suoi veri e fedeli servitori.

San Dunstano scomunica e piega il Conte ribelle

 l monaco Dunstano venne proposto, dal Re Edmondo alla santa Sede, per Arcivescovo. Sebbene restio ed a malincuore data la vita monastica che egli conduceva, il povero San Dunstano si dovette piegare ai comandi del Vicario di Gesù Cristo. Fatto Arcivescovo, non si vide uomo più fermo e risoluto di Dunstano nel recare in pratica i doveri d'un pastore di anime. Nel correggere i vizi non aveva paura di nessuno e non faceva distinzione tra il Re ed il più oscuro e misero lavoratore dei campi. Una volta gli accadde un fatto davvero singolare. Un Conte potentissimo e molto audace aveva preso per moglie una sua prossima parente senza nessuna licenza dell'Autorità ecclesiastica. L'Arcivescovo l'ammonì più volte con una pazienza eroica; ma, quando vide che il caparbio pensava a tutt'altro che ad ubbidirgli, senza nessuno rispetto umano lo scomunicò. Il Conte, preso atto di quel colpo inaspettato, andò in bestia e minacciò l'Arcivescovo di morte. Vedendo poi che le sue minacce erano considerate un fuoco di paglia da San Dunstano, fece ricorso al Re, ai Ministri, a tutta la gente più influente della corte, affinché tutti cooperassero per levargli - come egli diceva - quella vergogna dal volto. Non solamente i Ministri e le persone influenti della corte intercedettero presso l'Arcivescovo per il Conte, ma intercedette addirittura il Re Edmondo in persona. E San Dunstano che cosa rispose a quel Re? «Voi - gli disse

gravemente - siete un Re molto pio, e dovete solamente adoperarvi per ridurre i colpevoli a penitenza e non già per indebolire la vigilanza ecclesiastica, la quale procura a tutto potere di far osservare la legge di Dio e con la legge di Dio quella dello Stato ancora». Il Re rimase confuso ed edificato al medesimo tempo, e subito andò a riferire al Conte la risposta avuta dal forte e santo Arcivescovo. Lo credereste voi? Quel Conte, considerando l'eroico coraggio del santo Prelato - miracolo della fede - si separò dalla «moglie illegittima» e fece pubblica penitenza dello scandalo dato. Chi non vede in quel San Dunstano un grande difensore della pubblica moralità in questo mondo? I sovrani dovrebbero venire in aiuto dell'Autorità ecclesiastica col correggere i vizi specialmente di coloro che stanno in vetta alla cima della scala sociale; ma spesso accade il contrario. Il padre Belmonte, con questa vicenda storica, intende denunciare lo spirito davvero ignorante e sulfureo della laicità che provoca l'ira di Dio e la capitolazione di intere Nazioni. Asserisce Papa Pio XI: «La peste dell'età nostra è il così detto laicismo coi suoi errori e i suoi empi incentivi. Si cominciò a negare l'impero di Cristo su tutte le genti; si negò alla Chiesa il diritto - che scaturisce dal diritto di Gesù Cristo - di ammaestrare, cioè, le genti, di far leggi, di governare i popoli per condurli alla eterna felicità. E, a poco a poco, la religione cristiana fu uguagliata con altre religioni false e indecorosamente abbassata al livello di queste; quindi la si sottomise al potere civile e fu lasciata quasi all'arbitrio dei Prìncipi e dei Magistrati. La pace domestica (è) profondamente turbata dalla dimenticanza e dalla trascuratezza dei doveri familiari; l'unione e la stabilità delle famiglie (sono) infrante, infine la stessa società (è) scossa e spinta verso la rovina» (dalla Lettera enciclica *Quas Primas*, 1925).

San Dunstano e la penitenza del Re scandalizzatore

an Dunstano, assai inoltrato negli anni, fu costretto un giorno a venire in lotta col Re stesso, il quale, all'epoca, era non più Edmondo, ma Edgardo. In un momento d'aberrazione mentale, quel giovane Re aveva commesso un qualcosa di veramente grave. Il popolo ne era grandemente scandalizzato ed il povero Arcivescovo piangeva per il dolore amarissimo. Un giorno il santo vecchio si recò a corte per rimproverare il fatto al Re peccatore. Il povero Edgardo, credendo che il suo peccato fosse nascosto all'Arcivescovo, con lieto volto gli andò incontro e gli porse la mano in segno di grande confidenza. Dunstano, accigliato, ritirò la sua e disse con voce grave al Re: «Voi vorreste toccare la mano ad un ministro di Dio, che questa mattina ha immolato l'Agnello senza macchia?». Poi, con voce paterna, cominciò a rimproverargli il suo brutto delitto e gli fece capire che il popolo ne era rimasto tutto pieno di scandalo. Edgardo s'intenerì, pianse, cadde ai piedi del vecchio Arcivescovo e gli domandò, con voce rotta dai singhiozzi, quale penitenza avrebbe dovuto fare per espiare la sua colpa. Dunstano, raddolcito nel volto e con qualche lacrima negli occhi, entrò in discorso col giovane Sovrano e gli fece una succosa esposizione dei doveri dei Re. Poi gli disse che la sua penitenza doveva consistere nel non portare per sette anni sul capo la corona regale, di costruire monasteri per sante vergini e di largheggiare, quanto poteva, in elemosine ai poveri. Edgardo eseguì tutto scrupolosamente. Trascorsi i sette anni, San Dunstano, in una grandissima adunanza di nobili e signori, rimise con le proprie mani la corona in testa ad Edgardo. L'allegria e la commozione di tutta quella scelta nobiltà fu indicibile. Edgardo fu un perfetto modello di sovrano dopo la grande e provvidenziale lezione avuta da San Dunstano. Ah, se al presente qualche Sovrano potesse trovare un San Dunstano! Ma gli infelici Sovrani in questi tristi giorni trovano coloro che perdono i Sovrani ed i sudditi: gli adulatori settari. Scrive Papa Leone XIII: «Si ha a che fare con un nemico astuto e fraudolento che, lusingando Popoli e Prìncipi, conquistò entrambi con melliflui e adulatori discorsi. Insinuandosi come falsi amici nell'animo dei Prìncipi, i Massoni cercarono di averli soci e alleati potenti nell'opprimere il cattolicesimo; e per far sentire ad essi più forti stimoli, con ostinate calunnie hanno accusato la Chiesa di contendere per invidia ai Prìncipi il potere e le prerogative regie. Raggiunta frattanto con queste arti la sicurezza e il coraggio, cominciarono ad avere influenza nei governi; d'altronde si erano preparati a scuotere le fondamenta degli Stati, a perseguitare, a calunniare, a cacciare i Sovrani qualora nel governare agissero in contrasto con i loro propositi. In modo non dissimile si sono fatti beffe del popolo, pur adulandolo. Celebrando a gran voce la libertà e la prosperità pubblica, facendo credere che dipendeva dalla Chiesa e dai sommi Prìncipi se il popolo non riusciva a riscattarsi da un iniquo servaggio e dalla povertà, lo resero smanioso di novità e lo aizzarono contro l'uno e l'altro potere. Ma, tutti coloro che attentano all'ordine stabilito dalla divina Provvidenza, ricevono il castigo della loro superbia: hanno incontrato afflizione e miseria» (dalla Lettera enciclica *Humanum genus*, 1884).

San Francesco da Paola e l'agnello resuscitato

Un gentiluomo di nome Giovanni del Franco, di San Lucido, ritornava un giorno da un suo podere sito in quel di Fiumefreddo. Gli era stato offerto in dono un agnello morto sgozzato e, per trasportarlo in famiglia, l'aveva legato dietro la sella del suo cavallo. Essendo solo per il viaggio, cominciò a pensare intorno a ciò che si raccontava di San Francesco da Paola. «Ma è proprio possibile - diceva tra sé Giovanni - ma è proprio possibile che quell'uomo così semplice possa sbalordire coi miracoli il nostro tempo? Io non ci posso credere. E poi, con questi miei occhi non vidi ancora nessun miracolo operato dal Beato Francesco, come lo va chiamando il popolo ignorante. Del resto, crederei a tutti i miracoli di quel Beato, se egli adesso mi potesse far rivivere quest'agnello, che ucciso mi porto a casa». Detto questo, cominciò ad atteggiare le labbra ad un sorrisetto maligno. Spronò intanto il cavallo per poter consumare al pranzo di mezzogiorno l'agnello regalatogli. Ma che avvenne? Egli sentì un belato pietoso. Guardò per osservare se in quei luoghi pascolassero pecore, ma non vi scorse neppure l'orma d'una pecora. Il pietoso belato continuò. Tese meglio gli orecchi e si persuase che quel belato veniva proprio da dietro le sue spalle. Saltò di sella e vide l'agnello non più morto, ma vivo. Lo guardò sbalordito, lo palpò, volle vedere la ferita che toccò al collo quando venne ucciso, e non la trovò. Rimontò in

sella gridando: «Francesco è davvero un Santo!». Simili a quel Giovanni del Franco sono tantissimi liberi calunniatori di Gesù Cristo, della Chiesa cattolica, dei Santi, dei miracoli e di tutto ciò che non appartiene alla vile e sozza materia. Questi signori vanno dicendo soventi volte che «se vedessero i miracoli, crederebbero». Ma noi siamo persuasi che, alla vista dei miracoli, non si comporterebbero come Giovanni del Franco. Abramo, difatti, risponde all'*uomo ricco che vestiva di porpora*, che *banchettava lautamente e scacciava il povero Lazzaro*: «Se (i tuoi fratelli) non ascoltano Mosè ed i Profeti, neanche se uno risuscitasse dai morti saranno persuasi». Ammonisce ancora il Signore: «Perché mi hai veduto, hai creduto: beati quelli che, pur non avendo visto, crederanno!». Gli increduli, progenitori dell'ecumenismo, sono fra i peggiori nemici - sia esterni e sia interni - della Chiesa. Papa Gregorio XVI attesta: «Veniamo ora ad un'altra sorgente trabocchevole dei mali, da cui piangiamo afflitta presentemente la Chiesa: vogliamo dire l'indifferentismo, ossia quella perversa opinione che per fraudolenta opera degli increduli si dilatò in ogni parte, e secondo la quale si possa in qualunque professione di Fede conseguire l'eterna salvezza dell'anima se i costumi si conformano alla norma del retto e dell'onesto. Ma a voi non sarà malagevole cosa allontanare dai popoli affidati alla vostra cura un errore così pestilenziale intorno ad una cosa chiara ed evidentissima, senza contrasto. Poiché è affermato dall'Apostolo che esiste *un solo Iddio, una sola Fede, un solo Battesimo* (*Ef.*, IV, 5), temano coloro i quali sognano che veleggiando sotto bandiera di qualunque Religione possa egualmente approdarsi al porto dell'eterna felicità, e considerino che, per testimonianza dello stesso Salvatore, essi *sono contro Cristo, perché non sono con Cristo* (*Lc.*, XI, 23)» (*Mirari vos*, Lettera enciclica, 1832).

La corona della Madonna prende il nome di *Rosario*

Tutti conoscono che il Rosario venne concesso a San Domenico dalla stessa Madre di Dio. Tuttavia, all'inizio non aveva questo nome, *Rosario,* che distribuisce tanto odore mistico sia in terra che in cielo. Come avvenne che prese il nome di *Rosario*? Un giovane pastore, devotissimo della pratica, diffusa da San Domenico tra i popoli, di recitare la corona alla Vergine Immacolata, non abbandonava mai questa santa pratica. Temendo di sbagliare, a causa dei tanti pensieri che gli davano le sue pecorelle, decise un giorno di non contare più con le dita le centocinquanta *Ave Maria* ... ed i quindici *Pater noster* ... e volle impegnarsi in una trovata santamente ingegnosa. Prese alcuni tralci di vite, li tagliò a minutissimi pezzi e, a decine, li infilzò ad un giunco. Una sera del mese di dicembre appese il giunco coi pezzi di sarmenti ad un albero e riportò allegramente il suo gregge a casa, facendo conto di riprenderlo la mattina seguente per onorare di nuovo la Regina dei cieli. Ma quella mattina, tornato all'albero, vide con sua grandissima meraviglia che i pezzi dei tralci non erano più tali. Quei tralci tagliuzzati e secchi si erano convertiti in rose freschissime. Quelle rose erano tutte bianche, ma a dieci a dieci erano separate da una vermiglia. Il devoto pastorello prese dall'albero quelle rose intrecciate così bellamente a corona, le portò ai sui genitori, i quali subito le consegnarono al loro Parroco, raccontando, pieni di stupore, quel ch'era accaduto. Da quel momento la stupendissima orazione che San Domenico ebbe dalla Vergine Maria cominciò a chiamarsi *Rosario*. La preghiera più accetta al cuore di Maria ed anche al cuore di Gesù è il *Rosario*. Il fatto dei pezzi dei sarmenti miracolosamente cambiati in rose lo dimostra con estrema chiarezza. Recitiamo devotamente e continuamente questa sublime preghiera, se vogliamo riempire di consolazione il cuore della nostra Madre divina. Afferma Papa Pio XII: «Ci è ben nota, infatti, la potente efficacia del *Rosario* per ottenere l'aiuto materno della Vergine. Benché non vi sia certamente un unico modo di pregare per poter conseguire questo aiuto, tuttavia Noi stimiamo che il *Rosario mariano* sia il mezzo più conveniente ed efficace, come del resto viene chiaramente suggerito dall'origine stessa, più divina che umana, di questa pratica e dalla sua intima natura» (*Ingruentium malorum*, Lettera enciclica, 1951).

Lamento di un fanciullo resuscitato da Santa Teresa

anta Teresa (detta *di Gesù*) era riuscita, dopo tante tribolazioni e controversie, a far edificare un convento nella sua città d'Ávila. Durante l'esecuzione dei lavori per cambiare in monastero una vecchia casa acquistata dalla Santa, cadde un muro e seppellì sotto le sue rovine un bambino (battezzato), schiacciandolo orribilmente ed uccidendolo. Quel fanciullo era proprio il figlio d'una sorella di Santa Teresa. Ognuno immagini il disperato pianto della madre ed anche il gran dolore della santa zia. Però Teresa non si smarrì: si fece portare il bambino, lo prese fra le braccia e poi, con ardenti sospiri, domandò al suo Dio la grazia di risuscitarlo da morte. Dopo pochi minuti il bambino riprese vita e fu sano come prima dell'incidente. La madre se lo strinse al petto in un fremito d'amore inesprimibile. Tuttavia, quell'innocente, ancora fra le braccia della madre, rivolse in tuono di lamento alla zia le seguenti parole: «Mi avete fatto un gran male, io ero in Paradiso e voi mi avete richiamato in questo misero mondo. Voi siete obbligata in coscienza d'assicurarmi la salute eterna con le vostre preghiere». Quel bambino crebbe e, dopo pochi anni dalla morte di Santa Teresa di Gesù (o d'Ávila), morì anch'egli con evidenti segni d'essere andato in Paradiso (morì *in odore di santità*). Riflette il pio Autore: «Le madri cristiane piangono da mettere pietà alle pietre quando un innocente bambino lascia questa vita e se ne vola

al Paradiso. E poi queste stesse madri, ordinariamente, ridono quando conoscono che i figli, venuti all'età della ragione e della malizia, cominciano a commettere quei peccati. Ah!».

San Vincenzo dei Paoli schiavo fra i Turchi

an Vincenzo dei Paoli, nato in Francia da un povero contadino, una volta, navigando, venne fatto schiavo e condotto fra i Turchi a Tunisi. Lì, dapprima, il giovane Sacerdote Vincenzo fu venduto ad un pescatore, poi ad un medico, quindi ad un rinnegato (un *apostata*) cristiano nizzardo, il quale si era fatto turco per vivere licenziosamente. Quel rinnegato aveva tre "mogli", due rinnegate come lui ed una turca. Quella povera turca era d' animo ingenuo e buono, sebbene avesse avuto la sventura di nascere maomettana e, poi, l'altra sfortuna, più tremenda, di capitare tra le grinfie del rinnegato di Nizza. La donna ammirava con grandissimo compiacimento la modestia, l'umiltà, la pazienza, la rara tranquillità d'animo di Vincenzo, e, ancor di più, la diligenza che metteva nei lavori che il padrone ogni giorno gli assegnava. Una volta volle interrogarlo intorno alla religione ch'egli professava. San Vincenzo le disse schiettamente che era cristiano, e, sapientemente, istruì la povera donna circa le principali verità del Cattolicesimo. «Voi cristiani - disse un giorno a Vincenzo la turca - avete canti religiosi, non è vero? Io vorrei sentire dalla tua bocca uno di questi canti». Il buon Vincenzo subito si mise a cantare il *Salmo divino* che gli Ebrei vocalizzavano nella schiavitù babilonese e che comincia così: «*Super flumina Babilonis*: Sopra i fiumi di Babilonia …». La donna rimase estasiata. Un altro giorno lo schiavo

Vincenzo cantò alla sua padrona turca la *Salve Regina* e qualche altra lode alla Vergine Maria, Madre di Dio e degli uomini. La donna si sentì come trasportata in Paradiso e corse subito a rimproverare al rinnegato marito la sua apostasia da una religione così bella, quale è il Cristianesimo. La Provvidenza divina ordinò poi così le cose: San Vincenzo divenne strumento di conversione per la donna, la donna strumento di conversione per il marito. Dopo sei mesi, il rinnegato nizzardo fuggì con Vincenzo in Francia, pianse con molte lacrime la sua abiura in Avignone, e poi da Vincenzo stesso fu portato a Roma per dedicarsi al servizio di Dio. Sicché la vita intemerata di Vincenzo dei Paoli fece quel bel colpo a Tunisi. E questo significa che i buoni cattolici possono, semplicemente con l'esempio di vita (osservanza dei Comandamenti, dei Precetti e paziente adempimento dei propri doveri di stato), trasmettere la fede ai pagani ed ai rinnegati (agli *apostati*), li possono convertire, a Dio piacendo, più e meglio di qualunque predicatore.

Il Colonnello bestemmiatore: dal teatro all'Inferno

cco un altro accadimento che viene riferito da un Autore di provata fede. Riguarda due giovani, i nomi dei quali, per riguardo alla famiglia del disgraziato, non si possono palesare: l'Autore li chiama Eugenio ed Alessandro. Essi furono dapprima condiscepoli ed amici di collegio, quindi si rincontrarono dopo una lunghissima assenza. Eugenio, quando viveva in famiglia, s'occupava con molto zelo di opere di carità, secondo lo spirito della *Società* di San Vincenzo dei Paoli. Alessandro, entrato nell'esercito, vi aveva conseguito il grado di *Colonnello*, ma disgraziatamente perdette ogni lume di fede cristiana. Avendo ottenuto il congedo per alcuni giorni, tornato in famiglia, una domenica volle andare a visitare il suo compagno di collegio. Dopo essersi intrattenuti a lungo insieme, Eugenio disse al Colonnello: «Amico, è tempo ormai ch'io ti lasci». Rispose Alessandro: «Dove te ne vuoi andare? Io non vedo che cosa d'urgente tu possa avere». Quindi Eugenio: «Io vado anzitutto alla chiesa e poi debbo assistere ad una riunione di beneficenza». Alessandro replicò: «Ho capito, povero Eugenio! Tu credi ancora al Paradiso e all'Inferno, mentre non sono che follie della superstizione e del fanatismo». «Caro Alessandro - soggiunse Eugenio - non parlare così: tu hai appreso, al pari di me, che i dogmi della fede poggiano su fatti innegabili». «Sono follie - fece di nuovo Alessandro - follie, alle quali io non credo

più: e, se c'è un Inferno, io sono disposto ad andarci quest'oggi stesso. (...) Vieni intanto con me al teatro». «Io vado alla chiesa ed alla riunione di beneficenza - gli replicò a muso duro Eugenio - tu usa pure della tua libertà; ma deh! non irridere la giustizia di Dio». Eugenio intanto sospirò! L'amico Colonnello se ne andò al teatro. La sera di quel malaugurato giorno, Eugenio, mentre se ne stava al letto, venne svegliato da una persona che gridava disperatamente: «Presto, alzatevi e correte da Alessandro, il quale or ora viene portato fuori dal teatro in preda ad un terribile male». Il povero Eugenio sobbalzò dal letto, scappò fuor di casa e trovò Alessandro agitato da violentissime convulsioni, con la schiuma alla bocca e gli occhi stravolti da mettere paura. Appena il bestemmiatore ed incredulo poté, comechessia, scorgere il suo compagno di collegio, disse con voce di cupa disperazione: «Oh! Tu dici che vi è un Inferno?... Tu dici il vero!... Sì, vi è, ed io ci vado; io ci sono già; già ne sento i supplizi e la rabbia!». Invano Eugenio tentò di calmarlo: l'infelice Colonnello non rispondeva che con urli e bestemmie. Nel trasporto della sua rabbia infernale, diede di morso alle carni delle braccia, ne stracciò brandelli sanguinosi e li gettò in faccia al suo amico, alla madre ed alle sorelle. (....) In questi brutali deliri miseramente spirò! - L'infelice passò dal teatro all'Inferno, dalla festa agli eterni supplizi, a quegli eterni supplizi ch'egli credeva una favola dei preti! Se non «metteranno il cervello a partito», commenta il P. Giacinto, «una moltitudine di sciagurati avranno la sorte di quel disgraziato Colonnello».

Era ritenuto un santo, invece finì all'Inferno

l grande Arcivescovo di Firenze Sant'Antonino riporta nei suoi scritti un fatto terribile, avvenuto verso la metà del secolo decimoquinto. Un giovane di buona famiglia aveva avuto la disgrazia di commettere un grave peccato, e poi la disgrazia, ancor più grande, di celare quel peccato al suo Confessore (Concilio di Trento: «Se qualcuno negherà che la Confessione sacramentale sia stata istituita da Dio, o (negherà) che sia necessaria per volere divino, o dirà che il modo di confessarsi segretamente al solo Sacerdote, come ha sempre usato ed usa la Chiesa cattolica fin dall'inizio, è estraneo all'istituzione ed al comando del Cristo ed (è) invenzione umana: sia anatema»). Intanto egli andava spessissimo ai Sacramenti e, quindi, accumulava sacrilegi a sacrilegi. I rimorsi della coscienza, però, dilaceravano l'anima del povero giovane, tuttavia egli mai si decideva a confessare schiettamente sia il peccato grave, sia i sacrilegi che faceva (per tale ragione) nel confessarsi e nel comunicarsi frequentemente. Non potendo più lottare contro la guerra della coscienza, il giovane decise d'entrare in una religione (in un Ordine), tanto per fare una volta la sua confessione generale. Ma, ecco una disgrazia per quell'infelicissimo giovane. Dai religiosi venne ricevuto a braccia aperte perché era conosciuto quasi per un santo nel secolo. Entrato con questa opinione di santo in convento, egli ebbe una vergogna invincibile

di confessare i suoi peccati con un'accusa generale. E sapete voi? Nel convento continuò i suoi sacrilegi peggio, mille volte peggio di prima; ed intanto era sempre stimato per un giovane di santa vita. Passò tre anni in sì deplorevole stato, quando una malattia pericolosissima gli porse l'occasione propizia di fare la confessione generale. Aveva tutta la buona volontà di fare quella confessione, ma tanta fu la vergogna, quando fu vicino al Confessore, che non poté farla in nessuna maniera. Il misero, dunque, ricevette i Sacramenti sacrilegamente in punto di morte, e dopo ricevuti quei Sacramenti spirò! I Religiosi, ignorando lo stato miserando della coscienza di quel giovane, spirato che fu, lo portarono in chiesa con grande venerazione e tutti si consolavano che dal convento era passato al cielo un santo Religioso. Il giorno seguente si dovevano fare le esequie e, alcuni minuti prima della sacra cerimonia, un *fratello laico*, mandato a suonare la campana, si vide comparire dinanzi l'anima del giovine in una figura orribilissima. Il fratello, spaventato dalla terribile apparizione, cadde in ginocchio, quando il reprobo mise questo grido: «Non pregate per me, perché io sono all'Inferno per tutta l'eternità!». Poi narrò a quel fratello laico, in succinto, la storia del suo peccato e dei suoi sacrilegi.- Non credete che sia un fatto terribile? Intanto coloro che vanno alla confessione ci pensino sul serio. Spesso noi non abbiamo nessuna vergogna di commettere i peccati, e poi la vergogna ci fa tanto tremare quando siamo ai piedi del Confessore.

Una giovane bestemmiatrice sepolta viva

na giovane, divenuta incredula per i suoi orribili disordini, non cessava di lanciare ingiurie contro la religione e di volgerne in ridicolo le più terribili verità. «Giulietta - le disse un giorno una persona amorevole - ciò finirà male: Iddio, un giorno o l'altro, stanco dei vostri disordini e delle vostre bestemmie, vi punirà di certo». «Ah! - rispose quella disgraziata - di questo non mi prendo alcun pensiero, giacché chi è mai venuto dall'altro mondo a raccontarci ciò che ivi si faccia?». Orbene, in meno d'otto giorni quella infelice Giulietta fu trovata nella sua stanza fredda, senza che desse più alcun segno di vita. Non potendosi quindi dubitare ch'ella non fosse morta, venne posta nella bara e sotterrata. L'indomani il becchino, mentre scavava un'altra fossa accanto a quella della sciagurata Giulietta, sentì un rumore e gli parve che qualcuno battesse all'interno della vicina bara. Accostò subito l'orecchio a terra e difatti udì una voce soffocata che gridava: «Aiuto! aiuto!». L'uomo corse subito a chiamare le Autorità, le quali ordinarono che venisse scavata la fossa, scoperta la cassa e schiodata. Vista orribile! Giulietta era stata sepolta viva: i suoi capelli erano scarmigliati, il lenzuolo sconvolto, la faccia insanguinata. Mentre la liberarono e le si toccava il cuore, per vedere se batteva ancora; la giovine diede un sospiro, simile a chi è stato un pezzo privo di aria, poi aprì gli occhi, fece uno sforzo per sollevarsi ed uscì

pronunciando queste parole: «Dio mio, vi ringrazio!». Quindi, ripresi i sensi con un po' di cibo, raccontò: «Appena io mi riebbi entro la tomba e conobbi la spaventosa realtà del mio sotterramento, dopo aver gettati dei gridi e sforzatami di rompere la cassa e battuta la testa contro le tavole, vedendo ogni cosa essere inutile, la morte mi si affacciò in tutto il suo orrore. Né tanto mi spaventava la morte del corpo, quanto la morte dell'anima (…) il dovere andare all'Inferno (...). Mio Dio, purtroppo l'avevo meritato l'Inferno! Allora mi diedi a pregare, gridai aiuto, perdetti di nuovi i sensi, fino al punto in cui, ora, mi trovo libera sopra terra. O bontà del mio Dio, io disprezzai le verità della fede, e voi mi puniste, ma con misericordia: eccomi ora convertita e pentita». Se quella giovane corrotta ed incredula non fosse stata sotterrata viva, non avrebbe mai, forse, pensato all'Inferno e sarebbe andata eternamente perduta. A tante giovani ostinate nel loro malcostume ed anche nell'incredulità, partorita dal malcostume, noi auguriamo la sorte di Giulietta.

Paraguay: due dannati per sacrilegio

Molti dei *figli di Gesù Cristo* vanno eternamente perduti per non aver ricevuto mai, né in vita né in punto di morte, i santi Sacramenti. Ma, ancora molti cristiani si dannano per aver ricevuto questi Sacramenti senza le dovute disposizioni. Ecco qui due fatti che dovrebbero riempire di spavento tanti cattolici (nominali), i quali corrono inavvedutamente alla perdizione eterna. Negli *Annali del Paraguay*, sotto l'anno 1640, si legge che in quella regione era morta una donna, la quale lasciava in questo mondo un figlio di circa vent'anni. Poco dopo la morte della madre, il giovane se la vide comparire dinanzi con un aspetto spaventosissimo. «Io sono dannata - gridò quella donna al figlio - e sono dannata per aver mancato di sincerità al tribunale della Penitenza; e molti altri sono dannati con me per aver nascosto i propri peccati in confessione. Tu intanto approfitta dell'esempio della tua sciagurata madre». Ciò detto, scomparve. Il P. Nieremberg, poi, fa menzione d'un altro reprobo, che manifestò ad una persona la causa della sua dannazione. Questi era un giovane che conduceva in apparenza una vita molto cristiana, ma aveva un nemico che odiava cordialmente. Quantunque egli frequentasse i Sacramenti, nutriva però contro quel nemico sentimenti di vendetta, i quali sono espressamente vietati da Gesù Cristo nel Suo Vangelo. L'infelice giovane morì e, dopo pochi giorni, comparve a suo padre, dicen-

dogli ch'egli era dannato per «non aver saputo perdonare al suo nemico e per essersi confessato e comunicato sacrilegamente». Quindi il misero gridò con accento di disperato dolore: «Ah, se tutte le stelle del cielo fossero tante lingue di fuoco, non potrebbero tuttavia esprimere i duri tormenti che io soffro!». L'unico mezzo per evitare l'Inferno è camminare per la stretta via della perfezione cristiana, cercando sempre conforto ed aiuto in quei mezzi stupendi che ci lasciava il nostro divino Redentore e che si chiamano *i Sacramenti*. Facciamo molta attenzione a non abusare di questi Sacramenti.

Altri due dannati: il lussurioso e la vanitosa

Un disgraziato, che aveva la triste abitudine di compiacersi nei pensieri disonesti (ossia lussuriosi), cadde malato e ricevette, con apparente devozione, gli ultimi Sacramenti. Dopo un giorno il Confessore volle andarlo a visitare, tuttavia il disgraziato gli si fece incontro durante il tragitto. «Non andate più oltre, padre - gli gridò l'infelice - io già son morto e dannato». Gli chiese il Sacerdote: «come, non avete voi fatto una buona confessione?». «Si - rispose il dannato - io la feci sincera la confessione; ma poco dopo il demonio, rappresentandomi alla fantasia le consuete colpevoli voluttà, mi domandò se, in caso di guarigione, non sarei di nuovo ritornato a quelle. Io ebbi la disgrazia d'acconsentire alla suggestione malvagia ed in quel punto stesso venni sorpreso dalla morte. Ora io sono dannato». Così dicendo, mostrò al Sacerdote il fuoco che lo divorava, e disparve. Ma ecco un altro fatto terribile. Una nobile e molto pia gentildonna chiese in grazia al Signore di farle conoscere quale cosa, nella persona del sesso femminile, più dispiace a Sua divina Maestà. Venne esaudita immediatamente. Le si aprì sotto gli occhi l'abisso infernale, dove ella scorse, in mezzo a crudeli tormenti, una donna, che subito riconobbe per una delle sue amiche, morta pochi giorni innanzi. Quella vista le cagionò dolore e meraviglia, perché conosceva quella sua amica come una donna di non cattiva vita. Ma, subito udì quella infelice

esclamare: «È vero che io usavo le pratiche di religione, ma disgraziatamente fui schiava della vanità: dominata dalla passione di farmi vagheggiare, non esitai d'adottare mode indecenti per attirare sopra di me gli occhi altrui e così accesi in più di un cuore l'impuro fuoco della disonestà. Ah, se le donne cristiane sapessero quanto Iddio ha in abominazione l'immodestia nel vestire!». In quel punto la sciagurata veniva trafitta da due lance di fuoco e sommersa in una caldaia di piombo bollente. Allora la gentildonna capì che il peccato che più dispiace a Dio nelle donne è la vanità dell'aspetto. Intanto ecco qui una considerazione importantissima. Quell'uomo andò dannato non per fatti, ma per pensieri di disonestà (ossia di lussuria); quella donna arde nell'Inferno non per una vita scorretta, ma per la stupida vanità di cercare mode e di farsi guardare dagli sfaccendati. Qual sublime lezione per tanti cristiani e per tante cristiane! Quelle vesti del mondo nostro non vi paiono catene per strascinare all'Inferno migliaia e migliaia di anime? Eppure non ci si bada, e si tira innanzi con una sicurezza che mette spavento. Eppure certe donne, che vogliono passare per pie, s'accostano alla Comunione con quelle vesti, con quelle mode, con quelle acconciature!

Un usuraio e suo figlio precipitati nell'Inferno

Un celebre usuraio aveva due figli, che ne imitavano fedelmente i cattivi esempi nel trarre il sangue dalle vene alla povera gente. Uno di quei giovani, toccato dalla grazia di Dio, rinunziò coraggiosamente alla colpevole professione e si ritirò a penitenza in un deserto. Nel punto di lasciare la casa si volse al padre ed al fratello e li scongiurò, con calde lacrime, di voler anch'essi pensare alla salute dell'anima loro. Ma, fu indarno: essi perseverarono nel loro peccato, nelle loro infami usure e morirono impenitenti. Iddio permise che il redento solitario venisse a conoscenza dello stato infelice del genitore e del fratello. In una estasi, a quel santo penitente parve di trovarsi in cima ad un'altissima montagna, ai piedi della quale si stendeva un mare di fuoco da cui s'alzavano, come una tempesta, grida confuse. Fissò bene lo sguardo e subito riconobbe, in mezzo ai vortici dell'orribile fiamma, il padre ed il fratello, che, furiosi, l'un contro l'altro si scagliavano improperi e maledizioni a vicenda. L'orribile dialogo tra quel padre e quel figlio era questo: «Io ti maledico, figlio detestabile, per cui ho commesso tante ingiustizie ed ho perduto l'anima. - Io ti maledico, padre indegno, che fosti la mia rovina coi tuoi cattivi esempi. - Io ti maledico, figlio insensato, che ti associasti ai peccati di tuo padre. - Sii tu maledetto, crudele autore dei miei giorni, che mi allevasti per farmi dannare». Ecco in che modo nell'Inferno

i padri ed i figli malvagi si lacereranno con le loro maledizioni reciproche. Spesso accade, in questo mondo, che un padre non può sentire per un solo quarto d'ora il pianto ristucchevole d'un figlio ed un figlio per soli cinque minuti non ha il coraggio di sentire i lamenti del vecchio padre. E se un figlio ed un padre cadono insieme nell'Inferno e sono costretti a maledirsi a vicenda per tutta l'eternità? Che spavento, mio Dio!

Una pittura dell'Inferno converte Dositeo

Un tale Dositeo, che, nel sesto secolo, fu allevato come paggio nella corrotta Corte di Costantinopoli, sebbene avesse ricevuto il battesimo, viveva in una completa ignoranza delle principali verità della religione cristiana. Quel Dositeo era proprio simile a tantissimi cattolici dei giorni nostri, i quali non sanno spiccicare bene neppure le prime parole dell'orazione domenicale. Il complesso della dottrina cattolica, difatti, non si inventa e non si relativizza alle proprie opinioni, bensì si impara, quantomeno nei suoi rudimenti, e si osserva rigorosamente. Al giovine paggio venne il desiderio d'andare a visitare Gerusalemme, di cui aveva sentito raccontare tante meraviglie. In quella misteriosa città lo aspettava la misericordia del Signore per farne un santo. Giunto a Gerusalemme, Dositeo entrò in una chiesa, guardò verso un muro e vi scorse, dipinta, una scena terribile. Si vedevano soggetti infelici con atti e sembianze di disperazione, immersi in un mare di fuoco, con ai fianchi orribili mostri che accanitamente li tormentavano e si facevano gioco dei loro spasimi!... «Che vuole rappresentare questa scena terribile?», domandò Dositeo ad una persona che lo accompagnava nella visita della chiesa. «Signor mio, questo è l'Inferno, gli rispose subito la persona». E Dositeo meravigliato: «L'Inferno? E che cosa è l'Inferno?». «È il luogo - rispose di nuovo la persona - ove sono tormentati i peccatori, i

nemici di Dio». «E dimmi - proseguì Dositeo - questi tormenti quanto tempo dovranno durare?». «Voi sbagliate la domanda, signor mio - rispose la persona. Nell'Inferno non c'è tempo, ma eternità. I tormenti dei dannati dovranno durare eternamente...». Allora il povero Dositeo, quasi fuori di sé per lo spavento, fece immediatamente alla persona queste due domande: «E non potrei pure io cadere in quel mare di tormenti? Che cosa mi conviene fare per preservarmene?». La persona gli dette ammonizioni ed istruzioni al medesimo tempo, così il paggio della Corte di Costantinopoli, invece di fare ritorno a quella Corte corrotta e pagana, prese la via del deserto, s'andò a mettere sotto la rigida disciplina di San Doroteo e divenne santo. Una pittura dell'Inferno, dunque, cambiò in un santo un giovane di mondo e gli fece evitare i supplizi eterni dei dannati. Noi spesso vediamo simili pitture. Anche dai predicatori sentiamo fare pitture (descrizioni) terribili delle pene dei dannati; ma il nostro cuore è come quello del giovine Dositeo? Devo tristemente aggiungere che oggigiorno, ci troviamo nell'anno 2018, e da circa sessant'anni, la furia iconoclasta dei moderni, in larga misura infiltratisi nella Chiesa, ha provocato l'edificazione di mostruosi edifici chiamati "chiese", che piuttosto hanno parvenza di palestre sovietiche o di bettole massoniche, e la sostituzione delle opere e dei dipinti di fede cattolica, con delle mostruosità, così brutte ed insignificanti, che sembrano il parto della fantasia demoniaca. Non ne parliamo, poi, dei cosiddetti "predicatori", i quali ordinariamente non insegnano il cattolicesimo, bensì un simulacro tutto sociologia spiccia, sentimentalismo, fondamentalismo ecumenico e incredulità.

San Martiniano tentato dell'astuta Zoe

Un solitario di straordinaria perfezione, chiamato Martiniano, era vissuto per 25 anni lontano dallo schiamazzo e dal contatto del mondo, quando il Signore permise che venisse provato con una grande tentazione. Una scellerata donna, di nome Zoe, andò nel deserto per istigare il Santo al male. Costei aveva avuto la diabolica astuzia di travestirsi da mendicante, e, approfittando d'una pioggia abbondante e battente, bussò alla cella di San Martiniano, pregandolo per amore di Dio di offrirle un ricovero. Il santo anacoreta, veduto l'imperversare del tempo, non ebbe il coraggio di rifiutarsi e, dato l'ingresso a quella straniera travestita, accese il fuoco e pregò l'ospite di volersi asciugare i panni. In un momento Zoe lascia cadere a terra gli stracci da mendicante e si mostra con una sfarzosa veste femminile, mettendosi a fare luride smorfie a Martiniano. Il Servo di Dio, veduto il pericolo, corse col pensiero all'Inferno. Ma, non si accontentò del solo pensiero, cosicché, accostandosi al fuoco che ardeva alto, si tolse i calzari e vi si cacciò dentro a piedi nudi. Un acerbo strazio gli strappò grida di dolore, ma egli con gran cuore, ed alla presenza di Zoe, disse all'anima sua: «Ahimè! anima mia, se tu non puoi sopportare un fuoco sì debole, come potrai poi reggere al fuoco dell'inferno?». La donna lo osservava impaurita e sbalordita. La tentazione intanto fu vinta e Zoe fu convertita. Ecco quel che facevano i Santi per evitare la tremenda disgrazia di cadere nell'Inferno. Pensiamo anche noi, almeno cinque minuti al giorno, ai tormenti dei dannati e non peccheremo mai. Anzi, se ne abbiamo il coraggio, facciamo come un altro Santo solitario, il quale, quando sentiva la tentazione d'offendere Dio, accendeva la lampada, poneva la mano sopra la fiamma della stessa e diceva all'anima sua: «Dacché tu vuoi peccare e meritarti l'Inferno, prova prima se tu abbia la forza di sostenere il tormento d'un fuoco eterno. E con questo mezzo non offendeva mai il Signore».

Il peccatore resuscitato che diventa penitente e santo

esario racconta il seguente episodio che pare quasi incredibile. Da poco era morto un uomo di pessima vita, per il quale si erano fatte molte preghiere, tuttavia già lo stavano portando alla sepoltura. Quando, improvvisamente, quell'uomo ritornò in vita, si alzò pieno di forza e, nel contempo, carico di spavento. «Che cosa mai ti è avvenuto?», domandarono gli astanti in preda ad uno sbalordimento indescrivibile. «Dio, - rispose il soggetto - mi ha appena concesso una grazia importantissima: Egli mi ha fatto vedere l'Inferno, immenso oceano di fuoco, dove sarei dovuto essere sepolto per i miei peccati; ma mi venne concessa una dilazione, acciocché io li sconti con la penitenza». Da quel momento il peccatore fu cambiato in un altro uomo. Non pensava più che ad espiare le sue colpe con lacrime, digiuni, e preghiere. Camminava poi a piedi nudi sui rovi e le spine, non si nutriva che di pane ed acqua, distribuendo ai poveri tutto ciò che guadagnava con le sue fatiche. Quando qualcuno gli consigliava di moderare le inaudite austerità, rispondeva risoluto: «Ho veduto l'Inferno, e so che nulla è troppo per evitarlo. Ah l'Inferno! Se tutti gli alberi di tutte le foreste fossero ammucchiati a formare un vastissimo rogo, e se l'accendessero, io preferirei stare tra quelle fiamme sino alla fine del mondo, anziché sopportare per un' ora sola il fuoco dell'Inferno». Il peccatore, mediante la sua vita penitente, diven-

tò un santo. E pensare che certi peccatori incalliti, commenta il P. Belmonte, scherzano intorno al fuoco dell'Inferno! Se siamo saggi, facciamo penitenza dei peccati commessi, e sarà questa l'unica via per scampare dal luogo del pianto sempiterno. Evidentemente quell'uomo, che fu riportato in vita da Dio - e finalmente cambiato in un altro uomo -, si sarà lasciato guidare nella sua vita austera e nelle sue penitenze da un santo Confessore. Dove il P. Belmonte scrive: «... qualcuno gli consigliava di moderare le inaudite austerità ...», si riferisce certamente alle ingerenze, troppo spesso inopportune, di parenti, amici, oppure conoscenti. Dice San Francesco di Sales: «Vuoi metterti in cammino verso la devozione con sicurezza? Trova qualche uomo capace che ti sia di guida e ti accompagni; è la raccomandazione delle raccomandazioni. Qualunque cosa tu cerchi, troverai con certezza la volontà di Dio soltanto sul cammino di una umile obbedienza, tanto raccomandata e messa in pratica dai devoti del tempo antico» (*Filotea*, Parte 1, Capitolo IV). Ed ancora: «Quando il giovane Tobia ricevette l'ordine di recarsi a Rage, rispose: *Non conosco la strada.* Il padre gli disse allora: *Va tranquillo e cerca qualcuno che ti faccia da guida*».

San Corrado e la carne mutata in pesce

eggiamo un episodio che si racconta della vita di San Corrado, uomo straordinario. Le sue penitenze, la sua santità, tutto il tenore della sua vita veniva messo abitualmente alla berlina da coloro che formano il nostro più grande nemico che ha nome «mondo». Un giorno certi «uomini di mondo», per poter irridere sguaiatamente alle spalle di San Corrado e, peggio ancora, per ridicolizzare le sue grandi virtù, l'invitarono a pranzo. Era giorno di astinenza, tuttavia i «burattini» fecero servire tutto il pranzo con grasse e succulente pietanze di carne. San Corrado, elevatosi col pensiero a Dio, quasi non si accorse d'essere a quella trappola di tavola e mangiava, si può dire, macchinalmente. Intanto, volgendo il pranzo quasi alla fine, quei compari cominciarono a schernire il Santo, ed uno più ardito disse a Corrado: «Ecco, tu che ti spacci per un astinente e penitente di primo piano, oggi, giorno di magro, hai mangiato carne con noi». E San Corrado rispose: «Io carne? Nulla di tutto questo: io ho mangiato pesce». «Pesce? - gridarono tutti insieme - tu dunque vuoi anche in questa tavola prenderti gioco di noi? Guarda questi avanzi, sono ossa di carne, non lische di pesce. Tu, Corrado, questa volta ti sei mostrato impostore e bugiardo al medesimo tempo». San Corrado, allora, aprì la tovagliola che aveva dinanzi e, col volto ilare, disse ai presenti: «Compiacetevi di guardare qui: ecco le spine dei pesci da me

mangiati». Quella brigata di diffamatori, attoniti, sbalorditi, fuor di loro, guardarono, di nuovo guardarono, poi guardarono ancora, e vedendo non ossa di carne, ma spine di pesci, corsero via e, da quel momento, da per tutto si sgolarono a gridare: «Corrado è un santo». Il «mondo» fu, è stato, è al presente e sarà sempre «nemico dei figli di Gesù Cristo». Anzi, una delle prove più evidenti della verità della religione cattolica consiste appunto negli strapazzi, negli insulti e nelle persecuzioni che i figli veri di questa religione ricevono dai «figli del mondo». E si deve dubitare della saldezza della virtù di quei cattolici che non ricevono insulti, ma carezze dal mondo. Gesù Cristo lascia fare, non punisce (come potrebbe) il mondo al presente, aspettando di punirlo con l'Inferno. Tuttavia, di tanto in tanto, il Figlio di Maria fa sentire il Suo castigo anche adesso. Scrive San Francesco di Sales: «Non vale gran che servire un principe in tempo di pace, negli agi della corte; ma servirlo nella durezza della guerra, in mezzo ai torbidi e alle persecuzioni, è un vero segno di costanza e di fedeltà» (*Filotea*, Parte 4, Capitolo XIV). Dunque Nostro Signore lascia che i *mondani* si scaglino contro i cattolici nella misura e nella maniera più opportuna, affinché il *servo buono*, dimostrando *costanza e fedeltà*, possa meritare il *premio eterno*. Altresì Nostro Signore non lascia di dispensare le Sue grazie utili a *conservare la fede* e combattere vittoriosamente la *buona battaglia*.

Il servo calunniato e salvato da tre sante Messe

ella vita di Santa Elisabetta Regina di Portogallo si legge questo miracolo, ch'è nel contempo una punizione della calunnia ed un premio dell'amore alla santa Messa. La Regina Elisabetta era tanto caritatevole che, oltre ad aver comandato al suo elemosiniere di non negare mai nulla ai poveri, distribuiva grandi elemosine privatamente per mezzo di alcuni suoi servitori. Fra questi, soprattutto uno le ubbidiva fedelissimamente, specie quando si trattava di porgere soccorsi ai poveri che, probabilmente per vergogna, non volevano essere conosciuti per tali. Il servitore fedele, come accade quasi sempre, divenne oggetto dell'invidia d'un altro servitore, il quale cambiò subito l'invidia in odio feroce. Per sfogare il suo odio aveva bisogno della calunnia: non perse tempo per inventarla ed in maniera davvero satanica. Con una consumata ipocrisia, fece capire al Re che l'intimità della Regina col servitore non gli pareva essere solamente nata e cresciuta per recare elemosina ai poverelli. Il Re parve di fare orecchie di mercante, ma, pensandoci su molto, cominciò ad accogliere nell'anima qualche sospetto ed infine determinò di compiere un gran delitto. Una sera, passando dinanzi ad una fornace di calce che ardeva potentemente, chiamò a sé il capo degli operai che attendevano alla stessa e gli disse, con tono della più pronunziata autorità: «Domattina io manderò qui un mio servo con un

certo messaggio, appena lo vedrete, afferratelo e gettatelo nella fornace. Voglio essere ubbidito prontamente, avete compreso?». Ritirato nel suo palazzo, il Re prese un pezzo di carta, lo chiuse a maniera di lettera, vi scrisse sopra il nome del capo degli operai della fornace, poi chiamò a sé il servo calunniato dal suo collega e gli impartì il comando. Ma, che cosa mai avvenne? Il buono e fedele servitore, alle prime luci dell'alba, balzò dal letto ed uscì di casa per eseguire puntualmente gli ordini del suo padrone. Prima di giungere alla fornace, sentì che la campana d'una chiesa suonava a Messa. Egli, senza pensare più agli ordini del padrone terreno, entrò in chiesa, s'inginocchiò devotamente ed ascoltò la Messa. Ma, finita quella prima, ne incominciò un'altra, ed egli anche l'ascoltò. Terminata la seconda, incominciò la terza, ed egli l'ascoltò ancora. Poi, tutto confuso per essersi accorto del tempo trascorso, corse velocemente alla fornace. Gli operai, riconosciutolo e credendo che andava a domandare loro se avessero eseguito gli ordini del Re, gli dissero quasi tutti insieme: «Abbiamo obbedito alla volontà del Re: riferisci la cosa!». Ecco che cosa era accaduto. Il Re, per vedere se gli operai avevano davvero eseguito il suo comando, dopo poco tempo da che il servo calunniato e devoto s'era avviato per andare alla fornace, aveva spedito a gran premura il calunniatore. Gli operai della fornace presero il calunniatore e di lancio lo scagliarono tra le orribili fiamme. Intanto il fortunato servitore, che così miracolosamente era stato da Dio preservato dalla morte, tornò al Re e, tutto tremante, gli disse che gli ordini suoi erano stati eseguiti nella fornace prima ch'egli vi fosse giunto. «E perché non giungesti a tempo?», rispose il Re fuori di sé per lo stupore. «Perché - soggiunse il servo sommessamente - perché cammin facendo sentii suonare in una chiesa la campana a Messa, vi entrai e, invece d'una, ne ascoltai tre». Allora il Re capì ch'era già stato arso nella fornace il servo calunniatore per giustissima disposizione di Dio e così ancora gli fuggì dall'anima ogni sospetto intorno alla Regina. Tutti dovrebbero considerare che quell'innocente scampò dalla morte per aver ascoltato la santa Messa. Dice San Francesco di Sales: «Radice del buon nome sono la bontà e l'onestà della vita; finché sono presenti in noi, possono sempre rigenerare il buon nome giustamente conquistato. (Bisogna) lasciare quella vuota conversazione, quell'attività inutile, quell'amicizia frivola, quella compagnia equivoca, se danneggiano il tuo buon nome, perché il buon nome vale più di tutte quelle vuote soddisfazioni; ma se la gente mormora, riprova o calunnia perché ti impegni nella pietà per avanzare nella devozione e nel cammino verso il bene eterno, lascia abbaiare i cani contro la luna (eccezion fatta per certi crimini talmente atroci e infamanti che nessuno deve accettare di vedersene attribuita la paternità); anche se dovessero riuscire a costruire un'opinione negativa sul tuo buon nome, e in tal modo tagliare e radere i capelli e la barba del buon nome, sta tranquillo che presto rispunterà. Il rasoio della maldicenza sarà utile al tuo onore, come la roncola alla vigna, perché la rende copiosa di frutti. Teniamo sempre gli occhi fissi a Gesù Cristo crocifisso, camminiamo al Suo servizio con fiducia e semplicità, accompagnate da saggezza e devozione: sarà Lui a proteggere il nostro buon nome. Se permette che ci sia tolto è solo per darcene uno migliore o per favorirci nella crescita dell'umiltà. Ricorda bene che un'oncia di umiltà vale più di mille libre di onore» (*Filotea*, Parte 3, Capitolo VII). Ed ancora: «Serviamo Dio nella buona e nella cattiva fama, sull'esempio di San Paolo; potremo così dire con Davide: *Mio Dio, è soltanto per Te che ho sopportato l'obbrobrio e che ho tollerato che la vergogna coprisse il mio volto*».

Parigi 1290, il miracolo della particola trafugata

ell'anno 1290 accadde a Parigi un episodio strepitoso che viene raccontato da serissimi autori di *Storia ecclesiastica*. Una donna cattolica aveva ottenuto da un usuraio ebreo pochi danari e gli aveva lasciato in pegno la veste dei giorni festivi. Avvicinandosi la Pasqua e non potendo pagare il suo debito, la povera donna pregò l'usuraio se almeno le avesse concesso di riprendere la veste per un giorno solo, per il giorno della santa Comunione, dopodiché subito l'avrebbe restituita. L'usuraio, nell'udire le parole «santa Comunione», rispose alla donna: «Io ti restituisco la veste, ti rimetto anzi tutto il debito, se tu, facendo la comunione, mi conservi intatta la particola e me la porti in casa». La donna, debole e nel contempo infelice, acconsentì all'empia e sacrilega proposta. Andò in chiesa, si comunicò, si tolse di bocca immediatamente la particola, l'acconciò dentro una pezzuola e poi la recò all'usuraio. Questi, veduta appena quella particola sacrosanta, la pose sopra il suo forziere e, vomitando infernali bestemmie, la cominciò a punzecchiare con un piccolo coltello. L'ostia, allora, da tutte le ferite cacciò sangue. Accecato d'odio contro Gesù, l'usuraio prese un chiodo e lo conficcò in quell'ostia, ed essa sempre cacciò sangue. Poi, la prese con le sue mani impure e la scagliò nel fuoco. Ma, che cosa avvenne? La particola volò via dalle fiamme e rimase sospesa in aria nella stanza. L'uomo riempì una caldaia d'acqua, la mise

sul fuoco, la caldaia bollì, infine afferrò la particola e la buttò nell'acqua bollente. Ma, in un momento tutta quell'acqua si cambiò in sangue e l'ostia si elevò sopra la caldaia. Pazzo di rabbia e di dispetto, l'uomo chiamò la moglie e questa guardò e non vide già l'ostia, ma Cristo crocifisso in un muro della stanza. «L'hai crocifisso - gridò allora la moglie - l'hai crocifisso, sciagurato!». Un loro figlio vede dalla porta una gran folla che va alla chiesa. «Dove andate voi?», domandò a tutti il ragazzo. «Andiamo alla chiesa a prendere Gesù Cristo nella santa eucaristia», risposero molti. «È inutile tutto questo - rispose il ragazzo - mio padre or ora ha già ucciso Gesù Cristo». Nessuno badò alle parole del ragazzo, credendole una ridicola storiella. Una donna però volle entrare in quella casa e subito le corse agli occhi lo spettacolo dell'ostia che stava sopra la caldaia bollente e che da molte parti colava sangue. La pia donna prese quella particola con grande devozione, la consegnò ad un parroco, il quale, a sua volta, la consegnò a Simone Bussi, allora Arcivescovo di Parigi. Quell'ostia diventò oggetto d'una grandissima devozione e venerazione. La moglie e il figlio dell'usuraio si fecero cattolici, ma egli, rimanendo ostinato nell'odio contro Gesù Cristo, venne punito con la morte sui patiboli di Parigi. Chi conosce a fondo la Setta massonica dei giorni nostri, figlia, come è stato dimostrato dalla critica storica, degli Ebrei, conosce ancora l'orribile strazio che i settari hanno fatto e fanno delle sacre particole. Ma, certe orribilità è meglio non farle sapere al popolo cattolico.

San Vincenzo Ferreri ed il bettoliere imbroglione

Un tempo San Vincenzo Ferreri stava predicando in Maiorica ed andò a raccomandarsi da lui un bettoliere. «Padre mio - cominciò a dire quel bettoliere tutto atteggiato a pietà da *"digradarne"* (da far sfigurare) un anacoreta - voi siete un gran predicatore, anzi siete un gran santo, tutti vi vengono ad ascoltare, si convertono tutti alle vostre prediche (…)». «Ma basta - gli rispose San Vincenzo - basta, figlio mio: dite subito che vi occorre». Rispose il bettoliere: «Ecco qui, Padre, io sono un disgraziato: vendo vino, una gran folla d'avventori viene alla mia bottega, in quanto poi a pagarmi chi si è visto si è visto. Io non so proprio come andare avanti nella vita. Ho una famiglia che si trova addirittura in seria difficoltà. Voi dovreste dire dal pulpito, alla gente di questa città, che coloro i quali vengono a fornirsi di vino nella mia bottega hanno l'obbligo di pagarmi. Non dico io bene, Padre mio?». Commentò San Vincenzo con le labbra un poco atteggiate a sorriso: «Avete ragione certamente, però sentite una mia domanda prima di fare dal pulpito una raccomandazione per voi. Voi date buon vino a tutti quelli che vengono alla vostra bottega?». Ed il bettoliere: «Buono, buonissimo (scrive *"schietto, schiettissimo"*), Padre mio, e sarei pronto a prendere proprio un giuramento». Soggiunse San Vincenzo: «Lasciamo da parte i giuramenti, figliuolo: piuttosto vorrei che mi portasse qui un poco del vino che vendete

in bottega alla gente di questa città». Il bettoliere, alla proposta del Santo, rimase contento *"come una Pasqua"* ed il giorno seguente recò a San Vincenzo una fiaschetta di vino. Il Santo, veduta quella fiaschetta, domandò freddamente: «Tutto il vino che avete venduto e vendete è stato ed è della medesima qualità di quello che sta chiuso ora in questa fiaschetta?». «Tutto, Padre, tutto - rispose baldo e sicuro il bettoliere». «Bene, figliuolo - disse allora San Vincenzo - versate, vi prego, tutto questo vino qui», e, così dicendo, spostò la parte anteriore del suo scapolare. «Ma, Padre mio, non posso farlo - ripigliò subito il bettoliere - io vi insudicerei tutto l'abito, proprio tutto». Ed il Santo: «Non temete per l'abito: versate, via». Il povero bettoliere, messo alle strette, dovette versare. Allora sullo scapolare si versò (scrive *"scappò"*) una grande quantità d'acqua limpida e cominciò a scorrere sul pavimento della stanza, rimanendo poche gocce di vino nero rapprese allo scapolare. Quelle poche gocce davano il colore all'acqua venduta dal bettoliere per vino. San Vincenzo, con voce che suonava da esortazione paterna, prese subito a fare una predica a quel poveretto e, tra le altre cose, gli disse: «Figlio mio, voi siete tenuto a restituire tutto il danaro che avete rubato alla gente venuta da tanti anni nella vostra bottega con l'intenzione di comprare vino e che intanto comprò sempre acqua. Pensateci subito ed aggiustate la vostra coscienza (il Santo esorta il peccatore a riparare, a *soddisfare*)». Nei tempi nostri ci vorrebbero *"mille Vincenzo Ferreri"* per ridurre un poco a cristiani coloro che vendono alla povera gente le bevande ed i cibi contraffatti.

Lo stanco eremita rincuorato dall'angelo custode

Un eremita aveva la sua celletta molto lontano dal luogo dove era costretto a recarsi per attingere acqua. Tutto stanco e quasi sfinito dalla penitenza, un giorno cominciò a dire tra sé: «Ma perché fare questo lungo cammino? Perché devo tenere la cella così lontano dalla fonte d'acqua? Ci devo pensare subito, proprio subito: la cella e la fonte devono essere adiacenti». Era tutto immerso in questi pensieri quando, un mattino, avendo riempito un piccolo secchio d'acqua, stava tornando alla sua cella. Intanto, dietro a sé, udì un lieve rumore di passi ed una voce sommessa, la quale contava: «uno, due, tre, quattro, cinque ...». Meravigliato che in quel deserto si potesse udire una voce umana, si voltò repentinamente e non vide neppure l'ombra d'una persona. Riprese così il cammino, tuttavia non cessavano né la voce, né il rumore dei leggeri passi. Si voltò ancora e non vide nulla. «Ma come è possibile - disse l'eremita con se stesso - questa cosa?». Intanto procedeva nel cammino trasportando il secchio pieno d'acqua. Ma, ecco ancora, per la terza volta, il suono dei passi e della voce. Per un poco non volle volgere gli occhi indietro, ma poi non poté resistere e guardò, per la terza volta, cercando di capire chi fosse quel che camminava e contava. Vide allora un giovane tutto risplendente di luce celeste, il quale gli disse: «Io sono il tuo angelo custode e vado numerando i passi che ogni giorno fai dalla cella

alla fonte, per raccogliere così i tuoi meriti e presentarli a Dio». Allora il solitario comprese tutto, e, per non perdere tanti meriti che guadagnava tutti i giorni con quel disagio, non pensò più a costruirsi la cella accanto alla fonte. La lezione che da questo episodio noi dobbiamo raccogliere è davvero stupenda. Iddio non conta che i patimenti che noi sosteniamo per amor Suo nella vita presente: le gioie (non meritorie) che possiamo godere sono tutta roba perduta. Ah, se arrivassimo a comprendere la bellezza dei patimenti!

Il piccolo San Tommaso d'Aquino e l'*Ave Maria*

San Tommaso d'Aquino, quando era in culla, fu trovato dalla balia con un pezzo di carta in mano. Egli graziosamente si trastullava con quel pezzo di carta capitato fra le sue mani miracolosamente. La balia, temendo che il bambino avesse potuto mandare giù quella carta - i bambini hanno un misterioso istinto di portare alla bocca ciò che possono agguantare con le manine - volle strappargliela subito. Tommaso cominciò a strillare il più possibile e tenne le mani serrate come due morse. Gli strilli del bambino vennero uditi dalla madre Teodora che sostava in una stanza lontana, la quale corse a sincerarsi che non fosse accaduto nulla di grave. Trovò quel bambino con le gote tutte gonfiate dal pianto e col pezzo di carta stretto fra le mani. Teodora, aiutata dalla balia, dopo molta resistenza riuscì ad aprire le mani del fanciullo ed a sottrargli la carta. Ma, che cosa avviene? Il fanciullo, col pianto che salì alle stelle e con i gesti delle mani vuote, chiese alla madre la restituzione della carta in una maniera alla quale è proprio impossibile resistere. Teodora, come per distrazione, guardò in quella carta e ci vide scritte a caratteri bellissimi queste parole: «*Ave, Maria*». Allora, quasi sbalordita, porse a Tommaso il pezzo di carta, ed egli, avutoselo, subito lo mandò giù e poi la sua faccia venne tutta irradiata come di una luce di Paradiso. Negli anni maturi, San Tommaso una volta predicò per un'intera Quaresima dell'«*Ave, Maria*» e, terminando, faceva sapere agli uditori che non aveva potuto dire quasi nulla intorno all'Angelica Salutazione! Da quando vengono levati dal fonte battesimale, le madri cristiane abbiano l'accortezza di riempire di Maria l'anima dei loro bambini. Allora la Patria potrà avere sul serio buoni cittadini e la Chiesa fervorosi credenti. Afferma Papa Leone XIII: «Finché avremo vita, il Nostro animo conserverà un fedele ricordo di ogni singolo beneficio ricevuto da Nostro Signore. Ma subito dopo, il Nostro pensiero soavemente si volge alla materna protezione dell'augusta *Regina del cielo*; e questo pio ricordo vivrà indelebile nel Nostro cuore, per muoverci a magnificare i benefici di Maria ed a nutrire verso di Lei la più sentita gratitudine. Da Lei infatti, come da un canale ricolmo, discende l'onda delle grazie celesti: *Nelle sue mani si trovano i tesori delle divine misericordie*: È volontà di Dio che Ella sia il principio di tutti i beni» (*Diuturni temporis*, 1898).

Il predicatore, il povero padre e la divina Provvidenza

Un santo Predicatore faceva con la sua parola, sincera ed ardente d'amore di Dio, un bene incalcolabile in un paese dove era stato destinato dal Vescovo per il *Quaresimale*. Una sera, ritiratosi nel suo alloggio dopo aver predicato, sentì bussare alla porta. Entrò un uomo e gli disse: «Padre, io voglio fare, per il vostro tramite, un poco di bene ai poveri: ecco qui mille scudi. Vi prego di consegnarli personalmente nelle mani dei bisognosi». Il povero Predicatore rispose subito: «Ma io non posso fare tutto questo, non conoscendo i veri poveri del paese e non volendo poi, per non aver distrazioni, passare qui per un elemosiniere». Il sant'uomo temeva di mancare ai propri doveri distraendosi, essendo stato inviato in quel luogo dal vescovo per predicare! Ma quel buon cristiano, il benefattore, santamente seppe importunare il predicatore, finché questi dovette rispondere: «Lasciatemi i vostri mille scudi e ne disponga a suo beneplacito la Provvidenza». Gli scudi furono conservati nel fondo d'una cassa, il Predicatore custodì in tasca la chiave di quella cassa, poi non fece altro che badare al suo ministero. Una società santa è una società ordinata, dove ognuno si impegna a fare bene il proprio dovere: fare bene i propri doveri è vera carità. Una sera accadde che egli predicò sulla Provvidenza e terminò il discorso con queste tenere parole della Scrittura: «Non ho veduto mai il giusto abbandonato da Dio, né i suoi

discendenti privi di pane». Un padre di famiglia, dopo avere ascoltato la predica, si mise al seguito del Predicatore e lo seguì fino a casa. Senza tergiversare, il padre di famiglia disse a quell'uomo di Dio: «Guardate, Padre, voi avete detto questa sera che la Provvidenza non abbandona nessuno. Io ho confidato sempre nella Provvidenza e, nella povertà della mia famiglia, non sono caduto mai nello scoraggiamento; ma ora, non avendo pane per i miei figli, sento che il coraggio mi viene meno, e sono tentato di dire che sono una prova contraria alla vostra predica». Allora il Predicatore si ricordò dei mille scudi e disse al povero padre di famiglia: «Ecco una prova di fatto della mia predica: prendete, questo danaro è vostro». Il più grande insulto che noi possiamo fare alla divina Provvidenza è quello di diffidare del Suo aiuto. Questa Provvidenza amorosa non abbandona mai nessuno. Confidiamo dunque in Essa come i bambini confidano nelle cure della loro madre.

Il corvo di San Paolo primo eremita

an Paolo, il quale ebbe i natali nella Tebaide inferiore, fu il padre ed il maestro di tutti quei solitari che presero il nome di «*eremiti*». All'età di soli quindici anni San Paolo rimase privo del padre e della madre, e, voltate le spalle al mondo, si incamminò lungo la via del deserto. Una palma, ai piedi della quale sgorgava una piccola sorgente d'acqua, lo servì con l'ombra e con le foglie. Egli ne fece abitazione fino alla morte, la quale lo liberò da questo mondo quando aveva raggiunto l'età di centotredici anni. Sant'Antonio Abate andò a visitare Paolo pochissimo tempo prima che questi morisse e, mentre i due grandi personaggi parlavano degli argomenti più sublimi, dal cielo un corvo portò loro un pane. San Paolo allora gridò meravigliato: «Fratello, guarda come si mostra grande e benigna la misericordia di Dio con noi! Sono già sessant'anni che io ogni giorno ricevo dal corvo un mezzo pane, ed oggi, perché ho te come ospite, il carissimo corvo me ne viene a recare un intero pane». Conclude il P. Belmonte: «Certi burattini del secolo decimonono hanno voluto spargere il ridicolo sul fatto del corvo di San Paolo. Poveretti!».

Il cane di San Rocco della Croce

Un vero prodigio nella Chiesa cattolica fu la vita di San Rocco della Croce. Egli nacque nella città di Montpellier. Dai genitori fu ottenuto per voto e, appena venuto alla luce, ebbero la cura di consacrarlo alla Regina dei Cieli. Allo scocco dei vent'anni rimase orfano del padre e della madre, e cominciò finalmente a pensare alle cose del Cielo. Vendette una buona porzione delle sue grandi proprietà per dispensare elemosine ai poveri, lasciò ad un suo zio l'amministrazione del resto, vestì l'abito del Terz'Ordine di San Francesco e venne in pellegrinaggio nell'Italia nostra. Era delicatissimo nel fisico, ma s'armò di coraggio e, giunto in Italia, mischiato fra la turba dei pellegrini, camminava sempre a piedi e spesso domandava il pane della carità. In quei giorni la nostra bella Penisola era flagellata dalla peste e Rocco, tutto carità, iniziò ad assistere gli appestati in qualunque luogo li avesse potuti rinvenire. Recatosi nell'ospedale di Piacenza, venne colpito egli stesso dal terribile morbo. La peste gli aprì una grande piaga nella gamba sinistra, tanto da non riuscire a trattenere le grida strazianti. Credendo di poter recare disturbo ai poveri ammalati con le sue continue grida, un giorno pensò di lasciare l'ospedale e d'andarsi a nascondere nel ventre di un bosco, vicino all'ospedale medesimo. Povero giovane! Chi gli recherà un poco di cibo? Chi l'assisterà in quella solitudine? L'acqua d'un ruscelletto gli

refrigerava alquanto il dolore della gamba, un cane gli recava il cibo. E come faceva quel cane a sostenere in vita il povero ammalato? Un tal signore di Piacenza, di nome Gottardo, aveva un cane che ogni giorno "rubava" un pezzo di pane dalla mensa del padrone, l'addentava e scappava di casa con grande rapidità. Il padrone un bel giorno se ne accorse e volle seguire il pietoso cane. Gottardo rimase sbalordito quando, non perdendo mai di vista il cane, entrò nel bosco e vide che l'animale, quasi fosse una ragionevole creatura, andò a deporre nelle mani d'un ammalato il pane che teneva in bocca. «Come mai questo portento?», disse quel signore a San Rocco. Questi sorridendo rispose: «La divina Provvidenza mi ha mandato ogni giorno il cibo per mezzo di questo cane. Benediciamo insieme, fratello, questa divina Provvidenza». Gottardo non finì mai d'ammirare un tale portento, e, rifuggito il mondo con tutte le sue vanità ed albagie (presunzioni), decise d'andare a chiudersi in un chiostro, ove santamente finì i suoi giorni. Fra le altre bestemmie e calunnie che lanciò alla Chiesa cattolica l'infelice Alberto Mario, una fu quella d'aver rimproverato alla stessa la menzogna del corvo di San Paolo e del cane di San Rocco. Alberto, invece di dire coi cattolici che la Chiesa fa menzione del corvo e del cane, diceva addirittura che essa aveva posti su gli altari il corvo ed il cane. Però l'infelice Alberto Mario morì d'un cancro alla lingua!

Santa Chiara d'Assisi e la fuga dei Saraceni

Al tempo di Santa Chiara - la cara primogenita figliuola di San Francesco - i Saraceni presero d'assalto la città d'Assisi. Quei barbari procurarono una strage terribile in quella malcapitata città cristiana e ne profanarono sacrilegamente le chiese ed i conventi. Santa Chiara era pericolosamente ammalata e non poteva affatto muoversi dal letto. Le suore, spaventate, le andarono a riferire che i Saraceni stavano già per dare la scalata alle mura del convento, anzi molti di quei soggetti avevano valicato le sante mura. Venne chiesto alla Santa di accorrere rapidamente per scongiurare che le vergini consacrate a Dio divenissero «preda di quei ciacchi». Chiara raccolse tutte le sue forze, saltò dal letto, corse nella chiesa, prese (adeguatamente) la pisside piena di particole consacrate e volò alla porta del monastero. All'apparire di quella vergine i Saraceni scappano via tutti pieni di spavento, e la maggior parte d'essi, precipitando dalle mura, morì all'istante. Oggi profanano i conventi delle sante vergini non più i Saraceni, ma quei "galantuomini" che hanno per nome «*liberali*»! Due parole sui cosiddetti "liberali". Li descrive bene Papa Pio VI nella *Quare Lacymae* del 1793. Sulla scia dei Calvinisti e «dell'infame Voltaire» - scrive il Papa - i "liberali" si ispirano a «perversi filosofi e cercano oltretutto di far sì che gli uomini sciolgano tutti quei legami dai quali sono uniti fra di loro ed ai loro Sovrani con il vincolo del loro dovere;

essi proclamano fino alla nausea che *l'uomo nasce libero* e non è soggetto a nessuno. Quindi la società (sarebbe) una folla di uomini inetti, la stupidità dei quali si prosterna davanti ai Sacerdoti (dai quali sarebbero ingannati) e davanti ai Re (dai quali sarebbero oppressi), tanto è vero che l'accordo fra il Sacerdozio e l'Impero non (sarebbe) altro che un'immane congiura contro la naturale libertà dell'uomo». I suddetti «agitati difensori del genere umano» hanno aggiunto «a questo falso e bugiardo nome di libertà», l'altro nome «parimenti falso» di "uguaglianza": cioè «uguaglianza fra uomini che si costituiscono in società civile, quantunque siano di opinioni diverse, procedano verso direzioni diverse, ciascuno spinto dal proprio arbitrio, e non ci debba essere nessuno che prevalga per autorità e forza, comandi, moderi e richiami dall'agire perverso sulla strada dei doveri, affinché la società stessa, sotto la spinta contrastante di tante fazioni, non cada nell'anarchia e si dissolva». Per conclusione, i cosiddetti "liberali" hanno fatto oggetto di «malversazioni e destinato alla morte», nonché «massacrato indistintamente ed infierito barbaramente», tutti quei cittadini ed uomini di Chiesa che «rimanevano ancora fedeli al loro Credo e costantemente ricusavano di sottomettersi» ai dogmi dei "liberali". «Una moltitudine di uomini di ogni ceto fu in questo modo soppressa. La pena meno grave fu di cacciarli in esilio in regioni straniere, senza distinzione di età, di sesso, di condizione. Per la verità era stato decretato che ognuno potesse *liberamente professare la religione che voleva*, come se ogni religione fosse vera e portasse all'eterna salvezza. In realtà era invece proibita la sola Religione Cattolica e, per estirparla, si faceva scorrere il sangue per le piazze e le case, come se ogni credente fosse da colpire con pena capitale». Oggi i "liberali" hanno cambiato metodi, ma non le loro perverse finalità!

L'apparizione di San Giovanni a Santa Gertrude

Un giorno San Giovanni Evangelista apparve alla vergine Gertrude e rimase con lei per molto tempo in sacri ed arcani colloqui. La Santa volle fare a Giovanni, tra le altre, questa domanda: «Perché tu, o fortunato Apostolo, non scrivesti nel tuo Evangelo neppure una parola intorno al Cuore del nostro divino Maestro, dopo che avesti l'invidiabile fortuna di riposare nell'ultima Cena il tuo capo sopra quel Cuore?». E San Giovanni subito rispose: «Io avevo il solo pensiero di far rilevare nel mio Evangelo lo splendore della Divinità del Figlio di Dio, in quel primo mostrarsi della Chiesa cattolica attaccata furiosamente da Ebione e da altri eretici ancora». Ed ancora: «Ti dico più spiccatamente, o Gertrude, che io ero incaricato a manifestare alla Chiesa nascente la parola dell'incarnato Verbo del Padre: la soavità, poi, dei movimenti di quel Cuore, Dio si riservò di farla conoscere negli ultimi tempi, nella vecchiezza del mondo, al fine di riaccendere la carità, che si sarebbe raffreddata». Così parlò San Giovanni Evangelista alla vergine Geltrude. Intanto il fatto più bello dei nostri tempi è, appunto, la devozione al Cuore di Gesù. Dopo che la Santa Margherita Alacoque si fece la predicatrice della devozione al sacro Cuore, tutto il mondo - e nonostante l'aperta lotta dei governi a Cristo ed alla Sua Chiesa - pare perdutamente innamorato di questa devozione tenerissima. In onore del Cuore di Gesù nascono

congregazioni religiose, confraternite, s'innalzano chiese. Nella pagana Parigi si vede sorgere un tempio grandemente maestoso al Cuore del nostro Redentore e ne è sorto anche un altro nella Roma che la *rivoluzione* (massonica del cosiddetto "Risorgimento") ha voluto insozzare con la sua schifosa bava. È venuta forse la fine del mondo? Siamo vicini forse al giorno amaro e terribile del ritorno del Figlio dell'uomo per fare giudizio di tutte le genti? Noi non possiamo saperlo. In ogni modo, bisogna ringraziare il buon Gesù, che oggi vuole riaccendere la carità nel mondo con le divine fiamme del suo amabilissimo Cuore. Dice il Signore: «*Vigilate itaque, quia nescitis diem neque horam* - Vegliate dunque, perché non sapete né il giorno né l'ora». E San Paolo ai Tessalonicesi: «(...) *ipsi enim diligenter scitis quia dies Domini, sicut fur in nocte, ita veniet* - Voi ben sapete che come un ladro di notte, così verrà il giorno del Signore». Dunque evitiamo le suggestioni degli autori apocalittici e facciamo attenzione agli errori dei millenaristi.

Una profezia del Padre Isidoro su San Giuseppe

l Padre Isidoro Isolano, Frate dell'Ordine dei Predicatori, dal dottissimo Papa Benedetto XIV venne annoverato tra i primi teologi che meglio abbiano parlato di San Giuseppe. Questo dotto ed insieme pio teologo nella sua stupenda *Somma*, volendo scrivere di San Giuseppe, racconta questa profezia, la quale si sta avverando nella nostra epoca. «Il Signore - dice il Padre Isidoro - farà risplendere la sua luce nell'intimo delle intelligenze, rimuoverà il velo, e grandi uomini si porranno a scrutinare il dono interiore nascosto da Dio in San Giuseppe, e troveranno in lui un tesoro d'un prezzo ineffabile, come non ne hanno mai ritrovato nei Santi dell'antica Alleanza, né in quelli della nuova. Noi siamo costretti a credere che l'immortale Iddio voglia alla fine dei tempi onorare Giuseppe con gli onori più splendidi» - Questa profezia è stupenda. Essa, come ho detto prima, quasi si sta avverando. San Giuseppe è stato dichiarato dall'immortale Pio IX Protettore di tutta la Chiesa. Uomini di grande dottrina si sono messi a scrutinare il dono nascosto da Dio in San Giuseppe, e torrenti di luce di scienza e di virtù erompono dalle meditazioni dei dotti. Nel secolo decimonono si sono proposte le sublimi virtù dello Sposo della Vergine Immacolata, e se questo secolo vuole davvero trovare salvezza, deve accogliere nel cuore siffatte virtù. Ci pensino tutti, specialmente i pastori delle anime ed i banditori

della divina Parola. Si predichi ai popoli la vita di San Giuseppe, e questa vita sola basterà per far ritornare a Gesù Cristo il secolo decimonono, il quale forse sarà vicino all'ultima ora del mondo, alla fine dei tempi: come dice il Padre Isolano. Asserisce Papa Leone XIII: «Tutti i cristiani, di qualsivoglia condizione e stato, hanno ben motivo di affidarsi e abbandonarsi all'amorosa tutela di San Giuseppe. In Giuseppe i padri di famiglia hanno il più sublime modello di paterna vigilanza e provvidenza; i coniugi un perfetto esemplare d'amore, di concordia e di fede coniugale; i vergini un esempio e una guida dell'integrità verginale. I nobili, posta dinanzi a sé l'immagine di Giuseppe, imparino a serbare anche nell'avversa fortuna la loro dignità; i ricchi comprendano quali siano i beni che è opportuno desiderare con ardente bramosia e dei quali fare tesoro. I proletari, poi, gli operai e quanti sono meno fortunati, debbono, per un titolo o per diritto loro proprio, ricorrere a San Giuseppe, e da lui apprendere ciò che devono imitare. Infatti egli, sebbene di stirpe regia, unito in matrimonio con la più santa ed eccelsa tra le donne, e padre putativo del Figlio di Dio, nondimeno passa la sua vita nel lavoro, e con l'opera e l'arte sua procura il necessario al sostentamento dei suoi» (*Quamquam pluries*, Lettera enciclica del 1889).

Guglielmo Massaia miracolato da San Giuseppe

utti conoscono quella gloria fulgidissima dell'Ordine dei Cappuccini che ha nome Guglielmo Massaia, missionario per trentacinque anni in Africa (il P. Belmonte giustamente scrive: «Tra i selvaggi dell'Africa», riferendosi alle loro consuetudini e idolatrie) e poi Cardinale di Santa Romana Chiesa. Orbene, il Massaia ha raccontato e racconta questo fatto, accadutogli quando si recò in Abissinia per la seconda volta. Quel povero missionario aveva seri problemi agli occhi ed il clima ardente dell'Africa gli minacciava la perdita totale della vista. Egli in Europa volle farsi una buona provvista di occhiali di diverse gradazioni. Però, dopo poco tempo che aveva rimesso il piede nel terreno delle sue missioni, gli occhiali si resero del tutto inutili. Ed ecco come. Prima egli fece uso di quelli che raccoglievano meno fortemente la luce, dopo pochi giorni fu costretto ad operare i più forti, e con una rapidità spaventevole dovette servirsi dei fortissimi, i quali parvero di non dargli più nessun aiuto. Allora si vide perduto e temette per un momento di «dover lasciare i suoi selvaggi e ritornarsene cieco in Europa». L'uomo di fede, però, non smarrì il coraggio. In Abissinia c'era una statua di San Giuseppe, quindi il P. Guglielmo Massaia una mattina prese tutti gli occhiali, anche quelli che stava utilizzando, e li appese in voto al gran Santo. Poi s'inginocchiò e disse così allo Sposo di Maria: «Da adesso non porterò più occhiali; se vuoi che io continui ad evangelizzare questi poveri idolatri, tu mi devi impetrare subito da Dio la grazia della vista». La sua preghiera proprio incontrò la grazia che scendeva dal Paradiso. Il missionario Massaia acquistò prontamente una vista lincea e non ebbe più bisogno di occhiali (aggiunge il P. Belmonte: «Con settantasei anni che sono scoccati sulla sua testa»). Il materiale da lui raccolto in Africa orientale costituisce la parte più importante dei reperti custoditi dal Museo Etiopico di Frascati. Se il Cardinale Massaia aveva bisogno della vista del corpo, tanti e tanti disgraziati hanno bisogno della vista dell'anima. Domandino con fede a San Giuseppe questa vista.

Le prodigiose orazioni di San Patrizio

 orreva il secolo quinto della Chiesa cattolica e nell'Irlanda, all'epoca immersa nelle tenebre dell'idolatria e della più ottusa superstizione, venne mandato dal misericordiosissimo Dio un Apostolo, le cui fatiche e penitenze spaventano anche oggi l'immaginazione nostra. Intendiamo parlare di San Patrizio. Fin da quando era giovanissimo cadde nelle mani dei barbari, i quali gli affidarono il compito di governare le pecore ed egli sopportò tante sofferenze, e con un coraggio sorprendente. Tuttavia, adesso, non vogliamo fare parola delle sue virtù praticate nei giorni della giovinezza, bensì di quelle esercitate quando la Provvidenza volle chiamarlo alla sublime dignità Episcopale ed affidargli la grande opera d'evangelizzare l'Irlanda. Ecco qui, dunque! Sebbene Patrizio fosse scrupoloso osservatore anche dei più piccoli doveri del suo sacro ministero, nondimeno mai cessava dal pregare lungamente. Si ponga ben attenzione a quel che stiamo per narrare. Ogni giorno diceva non l'*Uffizio*, come debbono i Sacerdoti, ma tutto il *Salterio davidico*, tutti gli inni e i cantici della Chiesa e duecento orazioni ancora. Trecento volte al giorno adorava Dio piegando a terra le ginocchia, e in ciascuna delle sette ore canoniche, nelle quali va diviso l'*Ufficio divino*, egli cento volte faceva il segno della santa Croce. La notte, poi, la divideva in tre parti: a) nella prima recitava cento Salmi del *Salterio* e piegava le ginocchia

duecento volte; b) nella seconda recitava gli altri cinquanta Salmi del *Salterio* stesso, immerso nell'acqua fredda e spesso gelata, tenendo il cuore, gli occhi e le mani rivolti al cielo; c) nella terza, infine, prendeva un brevissimo sonno sopra una nuda pietra. Oggigiorno tutte queste orazioni non impauriscono la nostra immaginazione? Ma con tutte queste penitenze e lunghissime orazioni Patrizio arrivò sino ad una vecchiaia estrema. Noi, delle volte, soventi non recitiamo alla Madonna una terza parte del santo *Rosario* per paura di guastarci la salute! La festa di San Patrizio NON PUÒ ESSERE certamente la festa della birra, dei fascisti e degli avvinazzati, come è stata trasformata nell'epoca recente. Due parole sul Fascismo: «(Intendeva) monopolizzare interamente la gioventù, dalla primissima fanciullezza fino all'età adulta, a tutto ed esclusivo vantaggio di un partito, di un regime, sulla base di un'ideologia che dichiaratamente si risolve in una vera e propria statolatria pagana, non meno in pieno contrasto coi diritti naturali della famiglia che coi diritti soprannaturali della Chiesa». Ed ancora: «È noto a quanti conoscono un poco intimamente la storia del Paese, che l'anticlericalismo ha avuto in Italia l'importanza e la forza che gli conferirono la massoneria e il liberalismo che lo generavano». Ho riportato alcune proposizioni della Lettera enciclica *Non abbiamo bisogno*, Papa Pio XI, anno 1931. Faccio pubblica ammenda per aver partecipato, anni fa, a queste "*Feste di San Patrizio*" ingiuriose per il Santo d'Irlanda e scandalose per la pia vista e le pie orecchie (chi scrive è Carlo Di Pietro).

San Francesco d'Assisi cambia l'acqua in vino

Il primo miracolo che fece in questo mondo l'incarnato Figliuolo di Dio fu quello delle celebri nozze, nelle quali l'acqua venne mutata in vino. San Francesco d'Assisi, immagine perfettissima del Divino Maestro, operò anch'egli, apparentemente per scherzo, un simile portento. Il sublime Poverello si trovava gravemente infermo nell'eremo cosiddetto di San Urbano. Un giorno sentì un estremo bisogno di bere un pochino di vino buono e generoso, tanto per richiamare in vigore le forze quasi totalmente smarrite. Con maniere cortesissime chiese ai poveri suoi Frati del vino, tuttavia essi, con gran dolore, dovettero rispondere che il vino nell'ospizio non s'era mai veduto. Allora San Francesco, mostrando d'essere contentissimo della povertà dei suoi Frati, disse: «Recatemi almeno un poco d'acqua». L'acqua fu prontamente portata all'ammalato. Il Santo infermo alzò la scarna mano, benedisse quell'acqua ed essa subito si cambiò in vino squisito. Dopo averne gustato, disse: «Benediciamo il Signore; sono perfettamente guarito!». Il Dio dell'universo permise che in quell'eremo l'acqua venisse cambiata in vino per rendere un premio alla povertà di San Francesco e dei suoi Frati. Oggigiorno i modernisti, i quali abitualmente vivono nell'opulenza e scandalizzano interi popoli con le loro eresie, spesso dichiarano di non credere nemmeno al *miracolo del vino* operato da Gesù.

Indice dei nomi

N

P

R

S

T

Sommario

Sub Tuum praesidium Immaculata

Padre Giacinto da Belmonte

Incisione del 1870

+ Requiem aeternam dona ei, Domine, et lux perpetua luceat ei.
Requiescat in pace. Amen +

SUB
TUUM PRAESIDIUM
IMMACULATA

FINE

+ Ave Maria, gratia plena,
Dominus tecum, benedicta tu in mulieribus,
et benedictus fructus ventris tui, Iesus.
Sancta Maria, mater Dei, ora pro nobis peccatoribus,
nunc et in hora mortis nostrae. Amen.+

Stampato

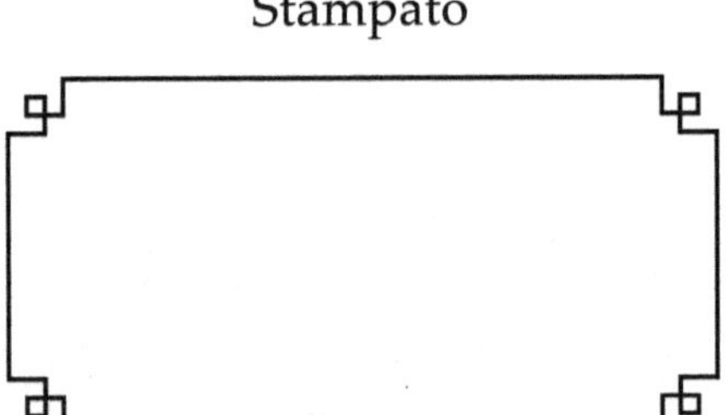

www.ingramcontent.com/pod-product-compliance
Lightning Source LLC
LaVergne TN
LVHW090001180726
843489LV00001B/314